校园
里的成长故事

马忠林 ◎著

吉林人民出版社

图书在版编目（CIP）数据

校园里的成长故事 / 马忠林著. — 长春：吉林人民出版社，2019.12

ISBN 978-7-206-16639-6

Ⅰ.①校… Ⅱ.①马… Ⅲ.①中小学教育—教育研究 Ⅳ.①G632.0

中国版本图书馆CIP数据核字（2019）第281742号

校园里的成长故事

著　　者：马忠林　　　　　封面设计：姜　龙

责任编辑：王　飞

吉林人民出版社出版发行（长春市人民大街7548号　　邮政编码：130022）

印　　刷：北京虎彩文化传播有限公司

开　　本：787mm×1092mm　　　1/16

印　　张：13.5　　　　　　字　　数：243千字

标准书号：ISBN 978-7-206-16639-6

版　　次：2022年6月第1版　　　印　　次：2022年6月第1次印刷

定　　价：45.00元

如发现印装质量问题，影响阅读，请与出版社联系调换。

目 录

下 篇
一个趋势——创新

上 篇

一个思想

——幸福

关于幸福的相关阐述

　　幸福是人类生活亘古不变的主题，追求幸福是人类行为的基本动机。随着经济的发展，物质的充足，人们越来越关注主观幸福体验。国外在20世纪60年代，已经开始研究主观幸福感，而我国对此的研究大致在20世纪80年代。那么，主观幸福感是什么？它和学校幸福感之间又有什么联系呢？主观幸福感包括三个基本因素，即生活满意度、积极情感、消极情感。而学校幸福感是学生在与学校中的人、事、物，以及由此而形成的社会心理环境进行交互作用的结果，是指学生基于自定标准对其学校生活的评价与体验，由学校满意度、在校积极情感体验和在校消极情感体验三个部分组成。从两者的概念可以看出学校幸福感的结构和测量是以主观幸福感结构及测量为理论依据的。由此可以看出，学校幸福感是主观幸福感的一个子集，并为很多研究者提供了方向。希望本文对学校幸福感的简单梳理，对未来的研究能有所帮助。

　　从目前的状况来看，西方对主观幸福感的研究大致有三个阶段：

　　第一个阶段是描述比较阶段。这一阶段的幸福感模型主要为幸福感的情感模型和认知模型。集中在解释幸福感的内涵，以及人们对幸福感的影响认知，主要集中在人口学方面，描述比较不同人群的幸福感，这一阶段为现代主观幸福感奠定了基础。

　　第二阶段是理论建构阶段。这一阶段的模型主要是主观幸福感模型和心理幸福感模型，这一阶段开始更多地探讨幸福感表象之下的心理机制，丰富了幸福感的理论，如认知理论、适应理论、自我决定理论等。

　　第三阶段主要是幸福感的测量发展。新的幸福感整合模型就是在这个阶段应运而生的，并且在主观幸福感、心理幸福感的基础上整合了社会幸福感。

20世纪90年代，我国学者段建华、何瑛等较早提出了主观幸福感的概念，认为主观幸福感是专指评价者根据自定的标准对其生活质量的整体性评估，是衡量个人生活质量的重要综合性心理指标。而后引起我国研究者吴明霞、郑雪、邢占军对主观幸福感的关注，主要对主观幸福感的心理机制及其影响因素进行了研究。邱林年采用大学生为被试者，验证了主观幸福感是由生活满意度、积极情感和消极情感构成。在一系列的研究中，研究者对其中的一个维度——生活满意度更为关注，因此又出现了大量的对满意度调查的文献，如邢占军等编制的《满意感调查表》涉及总体满意感及物质生活满意感、社会关系满意感、自身状况满意感、家庭生活满意感、社会满意感五个维度。相关文献表明，国内对此研究是近十几年才兴起的，我国学者孙莹、陶芳标等也编制了与学校生活质量相关的问卷，虽然是从不同的侧面反映青少年的生活状况，但从总分上来看，是在计算学校满意度的。但是，此研究并没有涉及学校幸福感量表的编制，也只停留在青少年的认知方面，并没有涉及情感方面。华南师范大学的田丽丽根据主观幸福感的结构、测量及理论基础，编制了青少年学校幸福感量表，并做了实证性的验证，为学校幸福感提供了一个明确的概念。

从狭义角度分析，对幸福的理解、敏感、向往与追求，都是一种有待于发展的主体能力，即"幸福是一种能力"。幸福能力又可以分为狭义和广义两类。所谓狭义的幸福能力，主要是指主体必须具有健康向上的人生观、价值观，具有品味人生意义的价值性条件。幸福能力之所以需要培养，最主要的原因在于幸福与主体的联系。人人都向往和追求幸福，但并非人人都能获得幸福。由此可见，获得与感受幸福都是一种需要磨砺和培养的能力。根据马斯洛的理论，人类有一种追求精神价值的超越性需要，即所谓"似本能"。对幸福的向往与追求即属一种似本能。似本能首先是说人对意义世界的寻找，人的向善属性是某种类似于生物性本能的东西，对于个体来说具有与生俱来的"先验性"。当然，从实践的唯物主义观点看，这一"先验性"的价值需求乃是人类整体历史实践所产生的积淀或社会遗传。同时，似本能本身也说明人的价值需求并不等于生物性遗传。马斯洛认为，似本能极微弱，因而极易被忽视从而走向萎缩。因此，人的超越性需要只是一种类似本质的潜能和可能性。假如人的生活或教育过程忽视这一方面，则人的价值需要本身就会萎缩，个体也会因此而走向心理病态（无意义、枯燥、狂暴等）。由于幸福本身的精神性和社会性，没有健康的价值需求与追求的人必定是远离幸福的人。所以，对幸福的需求人生而有之，但无论是幸福的感受或创造能力又的确是一种有待开发的潜能。从可能到现实的重要中介就是道德教育和全部教育活动。幸福不是物质欲望得到满足的自然性、即时性的快感。幸福是人之为人意义实现所给予主体的精神性愉悦。故主体要具有的幸福能力至少包含三个方面：一是主体必须有一个合乎人本质的人生目的。没有目的的人生就是漂泊的人生，使命感的失去就是意义感的失去，幸福就无从获得。二是主体必须有一种走向最终目标的创造性活动。创造性有两种对于幸福的意义：一是唯有创造才有合乎人类自由本质的合目的性的活动过程；二是唯有创造，主体才能更全面深入地参与生活，获得幸福的感受性就越强。当然，在追求生活意义或目的的过程中，困难与牺牲的存在也决定了创造性存在的必要。所以，没有创造性的人往往是不幸或难以获得较高强度的幸福的人。三是主体的合目的的创造性活动本身必须合乎人之为人的道德法则。正如亚里士多德所言："幸福即是某种德行""幸福即是合乎德行的现实活动"。幸福与德行的联系实际上意味着实现人性价值目标的手段也必须是体现而非背离人的本质。通俗地说，一个人不能采取卑下的手段去追求崇高的幸福。这也是一种"德福一致"，而且是一种没有冲突的"德福一致"。因为手段与目的的冲突会削弱甚至取消目的及可能带来的人生意义。以上三项主体条件固然可以通过人生修养去实现，但毫无疑问，道德教育和全部教育活动在帮助人获得真正的人生目的、获得幸福人生所必需的创造性和道德法则上均具有重要的意义。换言之，人的幸福能力需要通过修养、教育，特别是道德修养与教育去获得。当然，幸福既然是人之为人意义的实现，那么谁对人生意义与本质的把握最透彻、追求最执着，谁获得幸福的可能性及质量就越高，即人生的境界与幸福的境界成正比。从这一意义上看，提升人的人生追求本身是提升人的幸福水平的前提。因此，幸福对于教师的生命质量和全部教育活动的规定乃是不言而喻的。

从广义来分析，幸福能力是指对幸福的感受力、创造力。如前所述，它首先需要教师具有良好的精神品位和德行。但是，创造幸福的能力不仅取决于精神品位和德行（也可叫师德），它还要求创造或实现幸福的其他条件。这一条件当然也包括客观条件。比如战争时期，学校教育无法进行，学生都可能遭到屠戮，教师的幸福无从谈起。不过我们这里主要着眼于教师的主观条件方面。除了以上谈到的主体创造和体味幸福的价值性条件之外，幸福的创造与感受所需的一般性条件我们称之为广义的幸福能力。幸福实际上是主体目的性实现的自由状态。因此，幸福能力就是主体实现目的和自由所需的主观条件。那么，要做一名幸福或实现教育幸福的教师，除了应当具有的广义的幸福能力或技术性能力，还应当具有哪些能力呢？

首先，教师应当具有良好的知识结构。这一知识结构主要包括本体性知识、背景性知识和条件性知识三类。本体性知识是指教师所教科目的学科专业知识。背景性知识实际上是教师应有的综合性的文化涵养。条件性知识是指教育学、心理学知识，包括对教学过程规律性的认识，对教育对象的了解，等等。在我国，随着教育事业的发展，教师的本体性知识已经渐渐不是最主要的问题。相关研究也表明，教师的本体性知识与学生的学习成绩之间不存在统计上的高相关。因此，制约教师成功的知识瓶颈主要是文化性（背景性）知识和条件性知识。我们知道，教育家的知识不同于科学家的知识的一个重要特征是一种重新组织起来易于为学生接受的知识。一些心理学家认为它应是"心理学化"的知识。我们认为，教师的知识不仅是"心理学化"了的学科知识，而且必须是"文化化""生活化"的知识。没有对学生及其学习机制的切实了解，没有民族和世界文化的整体支撑，不能将学术语言生活化，一名教师即便能够从事教育教学工作，他也是一名枯燥乏味、没有成效的教师。这样的教师"学生听其课味同嚼蜡，躲其课不以为害，评其课嗤之以鼻"。失败的教师当然是不能收获教育幸福的。

其次，教师必须具有高超的教育能力。这里的教育能力是教育劳动的实践能力。韩进之教授认为，包括教学能力，语言表达能力，教育观察能力，注意分配能力,思维的系统性、逻辑性和创造性,教育想象能力和教育机智。林崇德教授概括为"教师的自我监控能力",包括对教育活动的计划安排,对这一活动的监察、评价、反馈,以及对教育过程的调节和校正能力。林崇德教授还认为,"优秀教师=教育过程+反思"。我们知道,教育活动的特点是一种心心相印的"主体际性"的交流活动。教育过程中充满变数。因此,教育不仅是一个严谨的知识授受过程,也是一个充满灵活性、创造性的艺术过程。没有包括自我监控能力在内的实际工作能力的教师就不会收获教育的成功,更不会体验到教育幸福。

最后,教师还应当具有审美的素养。幸福能力从某种程度上讲就是一种对主体自由的审美能力。幸福感就是一种生活的美感。因此,缺乏美感的人也一定缺乏幸福感。要收获教育幸福,教师既要有较高的精神境界、创造性的教育能力,还应当具有对教育活动过程及教、学双方的审美能力。这一审美能力既是乐教、乐学的中介环节,还是激发进一步创造性的重要因素。教师应当自觉掌握教育的审美评价尺度,学会以审美的心态看教育、看学生、看自己。审美是发现幸福、创造幸福的重要法宝。这一点,正是笔者近年来不断呼吁建立教育活动第三标准的重要原因。

中国革命家和教育家徐特立曾说:"一个人有了远大的理想,就是在最艰苦困难的时候,也会感到幸福。"人生中有些时候总觉得缺点什么,实际上是缺乏一种生命的力量感。理想,能提供这种力量。如果把这句话用在教育子女的点滴上,不是说教,而是伟大父母。如果把这句话落实在教育学生上,那么他会是一位伟大的老师。显然,徐特立是一位伟大的老师,因为他有一个不得了的学生。陶铸也说过:"伟大的理想是合乎社会的进步,合乎人民利益的要求,合乎社会发展规律的。所以,对于一些具有伟大理想并为伟大理想而斗争的人,千百年来人们一直在尊重他们,怀念他们,纪念他们。"爱因斯坦也有一段警世名言,他说:"人只有献身社会,才能找出那实际上是短暂而有风险的生命的意义。现在,大家都为了电冰箱、汽车、房子而奔波、追逐、竞争,这是我们这个时代的特征了。但是,也还有不少人,他们不追求这些物质的东西,他们追求理想和真理,得到了内心的自由和安宁。"物质和精神的东西并不矛盾。对于智者来说，二者可以兼而有之。对于爱因斯坦来说，他是追求理想和真理的，而电冰箱、汽车、房子是跟着到来的。其核心在于，他为其他人输出了他的思想、他的认知，因而产生了社会价值。所以，精神追求和物质回报之间的链条是社会价值，是价值输出。考虑一种极端情况，如果爱因斯坦所有的论文都不发表，躲在家里思考宇宙，写出的文章都放在抽屉里，那么，他很可能没有物质条件支撑他去做更深入的研究。事实上，他跟普朗克、居里夫人、薛定谔、玻尔这些同代的科学家交流，对于他的思想发展至关重要。他去美国普林斯顿高等研究院，继而联名给罗斯福总统写信启动研制原子弹，这个事件改变了世界历史进程。陀思妥耶夫斯基说："没有理想，即没有某种美好的愿望，也就永远不会有美好的现实。"现实不是铁板一块，不是固定不变，不是一堵墙、一把椅子那样的硬邦邦的东西。现实是什么，取决于"观察"现实的那个人。弗兰克被抓到集中营里，父母、妻子都死在了集中营，他身边许多多的人也死在了集中营。集中营这个看似"客观"的、在所有人看来都一样的现实，其实并不客观。在有些人那里，集中营意味着绝望，意味着人间地狱。而在弗兰克那里，成了不可替代的人生经历，他梦想着走出集中营，梦想着有一天能在讲台上，给人们讲述集中营里的故事，讲述人面对苦难的心理。他当然体验到了苦难，可除此之外，他还追踪每个细节中的感受和心理。如果一个人总是琢磨每个细节，试图去记忆它，试图去认识它，那么即便在一模一样的环境下，他自然比其他人感受到的苦难要少。因为人的注意力是有限的，当注意力在认知上，就不会在感受上。相关的心理实验有许多。例如，在感到痛苦的时候，觉察它，觉察那个痛苦的感觉，结果痛苦不像自己原本感受（其实很大一部分是想象）的那么强烈。同理，焦虑、抑郁，也是如此。古人说，"念起即觉，觉之即无"。

总之，幸福需要靠似乎与幸福无关的能力去获得，这是一个悖论。但这正是幸福和幸福能力的辩证法。教师的幸福实现与否取决于作为教育主体的教师在多大程度上成为一个真正大写和全面发展的人。如果说学生是学校的主要培养对象，教师是主体，那么，学校的整体发展则成为未来的方向。如何让学校整体幸福地存在，幸福地发展，就成为教育工作者的主要职责。于是，我在笔记的最后又补充了几句：我是一名教育工作者，我此生的幸福是什么？我的幸福就是不怕艰难险阻，能经受住各种自然考验，提升自己的品格，修养自己的心灵，尽全力做好教育工作。我要让我的老师幸福、让我的学生幸福，从而造就幸福教育！实现我幸福的教育梦，这个理想在我的生命里将永不衰竭！

追寻初心——值守岗位

追寻初心，我想到当年上大学时的情形。当时交通、信息并不发达，甚至是闭塞，农村出身的我来到西安这座有着厚重历史的城市，接受了很多新鲜事物，就像好多师兄带我们唱《我的祖国》《年轻的朋友来相会》，后来是张明敏的《我的中国心》，费翔的《故乡的云》，现在看来，一首歌就是一个时代。当时我刚进大学的时候，还是有点惊讶，《我的祖国》对我来说，没听过啊，师兄们起头，下面马上就唱起来了："一条大河波浪宽，风吹稻花香两岸……"刚开始还有点散乱，声音不大，也不太整齐，但很快就变成了全场的大合唱。接着是"再过二十年，我们来相会，伟大的祖国该有多么美，天也新，地也新，春光更明媚，城市乡村处处增光辉"。唱得人心潮澎湃，也唱出了当时的我们那年轻的心对未来的无限向往和憧憬。回过头看，祖国确实强大了，很多目标也实现了。

这个场面给我印象很深。夜晚的宿舍或食堂或校园角落，没有人专门组织，有时是老乡，有时是同班同学，自觉地、整齐地站成队列，20世纪60年代的老歌，他们居然能唱得那么投入、那么深情。我是一个五音不全的人，也不敢大声唱出来，只是哼着、随着，但那一刻我深深地体会到，对我们这个国家，对这片土地的热爱，是刻在每个中国人骨子里的。

如果要问什么是初心，我想说，这就是初心。是现在，我们每个人的心愿；也是六十多年前，上甘岭上战士们的心愿；更是九十多年前，南湖那艘小船上十几个年轻人的心愿。这个场景，可能离我们的工作远了一点。但我又想起每年感动中国人物介绍中，总是有一个教育人的出现，这都是真实的故事，有些地方真的很艰苦，和电视里一样，几间房，一个人，几个孩子，十几里山路。老师和孩子们就在这样的环境里，坚持教，坚持学。平时工作中，我们接触到的只是一个个数字，但在那一刻，数字化为形象，就这么活生生地展现在我们面前。那一刻，我也想起小时候的我，小学是在一个村小上的。那时候，那里的父母们就希望孩子能多读点书，走出去。"小嘛小儿郎，背着那书包进学堂……"那时候，他们常用来教导孩子的，就是这首歌。工作以后，我还是第一次感受到，这首歌又离我这么近。

让孩子们走出去，多学一点，有用一点，过得好一点，这大概是中国父母共同的心愿。为人父母的我，也教会了我的孩子唱这首歌。

前段时间，因为名校长工作室的需要，写了一篇《我的教育故事》，不经意间让我女儿看到了，女儿问我：爸爸，很感人，是真的吗？是的，虽然爸爸没有大的成就，但还是有点小小的追求，你知道爸爸是校长，我想把我的故事写出来，带动我们的老师把自己的教育故事讲出来，他们的故事会更精彩。

如果要问什么是初心，我想，这也是一种初心吧。

意识到这些，是一种感人的体验。那一刻，记忆中的歌谣化作现实中的场景，报告上的数字化作记忆里的音符。那一刻，我深深地体会到，我们的工作，不仅仅是报告上冰冷的数字，它长长地、长长地联系着一个个活生生的人，联系着那一颗颗跳动的、火热的初心。

我不禁又想起我们的工作，枯燥的、繁重的、辛苦的工作。但就在这样的工作里，身边那么多人，默默地坚持了那么多年。为了什么呢？安定的生活？温暖的家庭？我想，都有，但不仅仅只有这些。

我想起半年之前，同样也是站在这里，向大家汇报2018年一年的工作。是辛苦的，也是感激的。而现在回头看去，我必须承认，也是有一点点欣喜的。不仅仅因为自己的成长，也因为那一点点、微不足道的成绩。

因为我能体会到，我们的工作，确实联系着千家万户，牵动着他们的喜怒哀乐；我能体会到，我们的工作，确实是这个国家伟大复兴的一环。在祖国的变化中，在人们的笑容里，确实也有那么一点点，我们工作的印迹。

所以，现在，每当在忙碌的工作中，暂时放松的时候，我经常能够静静倾听。我听见，那是行政办同事的键盘声；我听见，那是教导处查课路上的脚步声。我看见，学校大门口安全办几名同事的坚持与坚守；我也看见总务处李主任带病工作，带领一班人马辛勤地工作；我更看见，我们十八中人急匆匆，加班加点的身影。那就是我们每一个人的初心在跳动。

这些，也许没有人会知道。但清早的路知道，深夜的门知道，宿舍值班室的灯知道，我们的工作知道，学校的发展知道。看到大家坐在这里，听我讲自己的故事，我们的故事，我不禁又想起了一首歌：

"鲜花曾告诉我你怎样走过，大地知道你心中的每一个角落。甜蜜的梦啊谁都不会错过，终于迎来今天这欢聚时刻……"

学识与魅力——成长之幸福

作为一所学校的校长，就应该有渊博的知识、高尚的情操和过人的人格魅力。只有这样，才能实现幸福教育，因为这是管理者的前提。

校长，这个词最初出现在秦汉时期，是指下级军官，而后演化为国家教育行政部门或其他办学机构管理部门任命的学校行政负责人。他的职责主要是总理全校校务，对外代表学校，对内主持校务。相对于教育管理部门来说，可以用"兵头将尾"来形容这个身份。

至于校长的层次，我不敢妄加定论，只是从担任校长后对于校长这个职位在政治思想、品行修养、业务能力、心理素质、知识结构等方面有了一个更清楚的认识和理解。教育管理专家陈孝彬根据美国学者奈德·赫曼提出的人脑四大象限模型，分析概括了校长的四种类型，即理智型校长、感情型校长、事务型校长和想象力型校长。

理智型校长是大脑的左上脑占优势，具有学者的气质和风度，但干群关系比较紧张；感情型的校长是大脑的右下脑占优势，具有社会活动家的特点，但对自己和对别人要求都不严格；想象力型校长是大脑的右上脑占优势，具有哲学家或诗人的气质和风度，但情绪不稳定，有时爱发脾气；事务型校长是大脑的左下脑占优势，但他更像管家，缺乏领导者的风度。

这四种类型的校长是四个极端的典型，各有优缺点。大多数校长不是单纯的一种类型，而是综合型的，也就是这四种类型中都有一部分。不过，其中每个校长必有一个是主导的，构成了自己的管理特点。

从我个人成长过程中的体会，首先，校长应该是一名优秀的教育工作者。当前从我国校长的职业发展路径来看，一个人之所以能成为校长，往往是因为教学出色，教学成果丰硕才会出现"教而优则仕"。所以，我认为校长的第一层次应该是一名优秀的教育工作者——学生的好老师。即使走上了校长岗位，我们仍然要深入学生中去了解他们的想法，需要什么，对什么事物感兴趣，等等，一是为学校的校园文化建设提供第一手资料；二是让我们对孩子的发展制定可行的方向。在了解学生的同时，校长必须深入教学一线，做到"进得了课堂，讲得出名堂"。

其次，校长应该是教师的好朋友。在教学管理中只有用教学来管理教学才符合逻辑，如果用行政命令的方式来管理教师、管理教学，就很有可能导致干群矛盾，管理起来不得要领。校长只有当教学的内行，才有威信，表扬、批评才能有针对性，才能真正提高广大教师工作的积极性。我们只有在教学实践中，摸索出一套以教学为主线的管理模式，再和管理学校经验结合起来，学校的发展才会更加科学、和谐而有后劲。不论是在教职工大会上的讲话、教研活动上的研究，还是教学工作中的落实，处处都有校长的身影，完全能够防止工作不落实、拖泥带水、打折扣等。这样通过实际的教学工作，与干群处在同一战壕，零距离地拉近了领导与同志的关系，也只有通过教学活动、教学观察，校长的话才能讲到要点上，才有分量。让教师们信服你、支持你，共同参与到学校的发展中来。

再次，校长应该是学校的优秀管理者。校长凭什么管理学校？凭什么管理好学校？这是一校之长必须思考的十分重要的问题。否则，或盲目，或忙乱，治校的绩效也肯定不好。决定治校绩效的要素当然不少，但最重要者恐怕还是校长有没有明确的教育理念，即有没有明确的办学理念或治校理念。教育家陶行知先生曾经说过："校长是一所学校的灵魂，一个好校长带领一批好教师，才能办出一所好学校。因此，从某种意义上讲，一个好校长就是一所好学校。"作为一名校长，一是为学校的发展定基调，即确立学校的办学思想体系（包括办学价值观、办学目标、培养目标、办学理念、教学理念、办学模式等）和学校文化体系（包括领导文化、教师文化、学生文化、课程文化等）。二是为学校的发展定方向，即制定学校的发展规划。校长既要善于从学校宏观可持续发展战略上做出合乎教育发展趋势的前瞻性决策（中长期规划，如学校的三至五年发展规划），又要求校长善于从学校内部的微观管理行为上做出合乎实际的科学安排（年度或学期工作思路）。三是打造团结务实的团队非常关键。校长治校中的个人作用固然重要，但他不能包打天下，作为一名精神领袖，他必须发展、重建能激励学校各部门及其成员斗志的信念并借助信念这一力量，使学校的所有成员致力于共同目标的奋斗。在人员配备上要综合考虑年龄结构、性格特点、知识层次、业务能力、业务特长等因素。在用人上，要根据班子成员、中层干部的性格特点、业务专长合理分配工作任务，做到人尽其才，优势互补，优化组合。在培养后备干部上，每位校长都应该具有爱才之心，识才之能，用才之法，容才之量，育才之职，要善于发现优秀人才，善于培养选拔、大胆使用优秀青年干部。通过培养和锻炼，使学校形成年龄梯度差异、优势互补的后备干部队伍，为学校的可持续发展提供坚实的人才保障。四是善于协调各种关系至关重要。从目前的管理体制来看，学校每时每刻都要协调学校上下各个部门，以及周围的社会群体之间各种各样的关系。内部协调，就是校长要协调校长与上级的关系，做到有为而不越位，出力而不"离谱"；校长更要协调好师生之间的关系，对教师关心爱护，批评要有分寸，讲方法，助人发展，为教师提供施展才华的机会和舞台。外部协调就是校长要注意协调与社会、家庭之间的关系，取得各方面对学校工作的支持和配合，使学校的工作顺利开展。五是创新，增强学校发展的动力。今日的学校正处在一个激荡的变革时代，发展是现代学校的根本性特点，创新则是现代校长的典型特征。一往直前的创新精神和创新能力，是校长领导学校求生存、谋发展所必备的精神品质。校长应当具有坚定的自信心、创造性的知识结构、创造性的思维方式和创造性的能力，他不光自己追求变革，而且能够带领全校所有成员热心地参与变革，在新课程实施中获得成功。六是敢于担责，人心所向。在校长负责制中，"校长是学校行政的最高负责人，是学校的法人代表，处于学校的中心地位，对外代表学校，对内全面领导和负责教育、教学、科学研究和行政管理工作"。因此，作为校长，不仅要做到有功劳不伸手，有苦劳不计较，有疲劳不抱怨，更要做到有责任敢于承担，有批评主动揽过，有过错敢于挑担。推功揽过，体现的是校长的一种胸襟，展现的是校长的一种境界。敢于挑担，对下属不仅是一种呵护，更是一种无声的教育。敢于担责，不仅不会损害自己的威信，反而会赢得教师的拥戴。

最后，校长应该是学校的坚强领导者，是区域领头雁。校长要领导学校，而非管理学校。著名教育家苏霍姆林斯基也说过："校长对学校的领导，首先是教育思想上的领导，其次才是行政上的领导。"校长应引领学校的教育思想，经营学校的先进文化，构建学校的校园文化。校长要以自己人格魅力、渊博学识积极影响学校教师，以对人类社会发展的领悟，审时度势准确把握学校发展方向，以对教育的热爱、执着引领学校发展。作为领导者的校长，要有怒不形、遇喜不亢、临危不惧、处变不惊、中和为贵、清淡致远。什么时候顺情理、什么时候顺事理，该理智的时候理智、该动情的时候动情，何时进、何时退，何时偏左、何时偏右，校长都应把握好。这样，校长才会对学校形成积极的影响。校长用人特别重要，注重开发人力资源，发挥人的创造力。引领学校发展的校长是在正确的时间、正确的地点做正确的事情。他们有足够的度量去容忍那些不能改变的事，有足够的勇气去改变那些能够改变的事，有足够的智慧去区别上述两类事。领导学校就要设定学校发展的共同愿景，以共同愿景领导学校发展。共同愿景领导，强调学校每个个体在团队中的能动作用，发挥的是人的主观能动性。这样，学校各种元素在信仰的引导下产生互动，从而爆发强大的生产力。校长要重视激励。信仰激励，让学校的教育思想、发展前景，成为大家共同的信仰；事业激励，为教师设计职业生涯发展规划，为他们提供发展平台。领导学校就要经营先进的学校文化。学校文化是对学校里人的行为方式具有约束或影响作用的价值观念的总和。其主要是指学校通过相对稳定的管理和教学所形成的，对全体师生的态度、思维及活动方式具有规范作用的价值观和行为准则。校长应致力于在学校建立一种崇尚变革的文化。唯有创设崇尚变革的文化，才会带来学校的持续发展。随着崇尚变革的价值观念逐步为教师所接受，教师必然由个体到群体逐渐开始调整自身的教育行为方式，学校的变革便会悄然而至。

学校管理水平的提升，学校办学质量的提高，学校教育的健康发展，需要这样一批领头雁。他们能用自己的办学理念引领一个区域的学校共同前进发展。他们就是校长的最高层面——专家型的校长。其实我们校长都有三个角色：管理者、教育者和领导者，每一种角色都有与之相对应的任务和职责。而专家型校长在这三个角色上都达到专家水准，精通管理、教育和领导，是优秀的管理者、教育者和领导者。他们对学校发展能做出正确的战略选择，有很强的战略规划和战略管理能力，经常想大事，做大事，而不是一个事务主义者。他们不仅善于管理，而且善于领导。

在学校这个具有特殊社会意义的相对独立的教育组织中，校长能够以教育者的身份定位学校的组织性质及核心价值观，又以领导者的身份制定学校的发展规划，之后，校长便以管理者的身份投入学校的教育教学工作中，运用管理法规、管理方法和技术对学校的人员、财务、教育教学工作、时间、信息等进行全面管理，使学校工作全面有效地落实。专家型校长均具有两种精神。一种是科学精神。科学精神指的是科学化，也就是理性化、合理化，通俗一点讲就是"讲道理"。学校的改革与发展不能搞形式、瞎折腾，应该实事求是。校长应该以求实、平和的心态而不是浮躁的心态去引领学校的改革与发展，弘扬民主精神。另一种是民主精神。民主精神说到底是平等和人道精神，简单说就是以人为本，把人作为目的而不是作为工具，不把教师作为学生发展的工具，不把学生作为学校发展的工具，也不把师生作为校长个人发展的工具。校长要尊重教师、尊重学生，倾听他们的声音，走进教师和学生的内心世界。现代教育的发展，对校长提出了越来越高的要求，做一名专家型校长，是教育的要求，是时代的需要。

校长与老师——理解之幸福

一、关于理解

理解出自苏轼《众妙堂记》："庖丁之理解，郢人之鼻斫，信矣。"意思是顺着脉理或条理进行剖析、了解。是指每个人的大脑对事物分析决定的一种对事物本质的认识，就是通常我们所说的知其然，又知其所以然。一般也称为了解或领会。

二、理解与概念和问题都有密切关系，有时是互相重叠的

理解可分为直接理解和间接理解。直接理解不要求中介性的思维过程，常和知觉过程融合在一起，如对本民族的语言和其他熟悉事物的理解等。间接理解须经过复杂的思维过程。常是从最初模糊的、未分化的理解逐渐过渡到明确的、清楚的理解，其间经历了不同的阶段。间接理解总是针对复杂的、陌生的事物，并带有问题解决的特点。根据理解的对象不同，可将理解分为不同的形式，如对人们的言语和行动、自然和社会现象，以及科学理论的理解等。

对人们的言语的理解，是把握言语所表达的思想；对人们的行动的理解，是把握其动机和效果；对自然和社会现象的理解，常常是把握其因果关系或其结构和功能；对科学理论的理解，主要是为把握论据的逻辑联系。理解常以问题解决的方式来进行。对提出的问题所给予的回答，可以表现出理解的不同程度或不同水平。

理解的标志之一，是对所理解的对象能用自己的话表达出来，包括对语

言材料能加以改组，改变其表达方式。对某事物理解不确切，难以用自己的话表述，或仅能背诵原文，这说明对文句或事物并未有真正的理解。

理解的标志之二，是根据对某一事物的理解，能独立完成所需要的动作。如果仅能根据他人的指导来完成，也不能认为有真正的理解。对客体进行实际操作常能帮助理解。在理解的过程中，言语表达和实际动作有时并不一致。

良好的理解应是二者的结合。理解事物时，须运用过去已有的知识经验，或在已有的知识经验基础上，掌握新的知识经验。过去知识经验的有无或多少，对理解能否顺利地进行，有着重要的影响；词与直观形象的结合，在理解中有着重要的作用。

在某些情况下，词的说明可能还不足以使人完全理解，必须借助直观形象。直观形象不仅有助于说明所要理解的客体，而且有助于把握其本质。总之，最重要的是大家学会理解。

校长和老师——永建信任和理解之桥

在学校的诸项管理中，教师管理是最根本的管理。对教师管理的认识与实践，也应与时俱进，不断注入新的理念、内容和方法。传统化的教师管理，是上对下的线性单向行为，学校对教师、领导对教师的管理是使动与受动的关系。现代化的教师管理，虽然不排斥使动与受动的关系元素，但大力倡导和践行的是多向多维的"互动"。学校与教师、领导与教师应是互为管理的对象，互为管理的主体，由此才能真正体现人与人之间的平等、民主、和谐，彼此才能互动联动，合力促进教师与学校的可持续发展。理解教师人本化的实质要理解教师人本化管理的实质，首先要把握好几个概念："人""人本""人本管理""教师人本管理"。

关于"人"。了解"人"应从"人性"切入。有学者综合当代心理学的动机和系统科学的有关研究成果，从系统动力论和人的生活价值与意义的角度，提出了一种新的人性假设，即"目标"人假设。其基本观点是：人生活的意义在于不断地实现心中的目标，并不断形成新的目标。在人的心理世界中，存在三种层次目标，即与生存有关的目标、与社会关系有关的目标和与自我发展有关的目标，三者之间相互联系、相互作用，构成一个有机的功能整体，即目标结构。就人而言，人有着一种固有的全面实现自身目标并形成新目标的内在动力，人生的价值与意义在于不断实现心中的目标，从而不断促进自我的发展。由此可知，不论是学校领导，还是教师、学生，其个性的自我概念都具有社会性，其自我概念的发展既是学校发展的一个重要方面，也是学校发展的源泉。

关于"人本"。从本质上讲，以人为本实际上是"人本主义"的一个必然要求。随着资本主义生产方式的进步，尤其是20世纪50年代以后，人对企业生产力的贡献越来越大，从而将企业中的人提升到一种比物力资本更为重要的地位上来。于是，"人本主义"就逐渐取代了"资本主义"企业中所占的主导地位，以人为本的管理方式也就应运而生。学校管理中的"人本"是在借鉴现代管理中的"人本"概念的基础上建立起来的，其核心是视教师和学生为人本身来看待，而张扬其人性，尊重其人格，善待其人为，开发其人智，释放其人能，等等，则是以人为根本的最好体现。

关于"人本管理"。人本管理就是以人为本的管理，是确立人在管理过程中的主导地位，继而围绕着调动人的主观性、积极性、创造性，以实现组织目标和促进人的全面发展的一切管理活动。著名管理学家陈怡安教授把人本管理的精髓和最高准则提炼为三句话，即点亮人性的光辉，回归生命的价值，共创繁荣和幸福。其实，这三者是一个整体，在组织管理中，只有做到三者的完美结合，才能较全面地体现人本管理的目标和宗旨。

关于"教师人本管理"。可从两个层面去理解。其一，从教师本体来说，首先在于教师对自身"人"的发现，对人性的自我唤醒，教师把自己视作管理主体，努力改变"受动者"的角色；其积极、主动参与学校管理的过程是"人本化"的一个层面。其二，"人本管理"高度重视"人"的作用，将"人"（教师与学生）的因素放在管理的诸因素之首，因而从教师外部层面来说，"人本化"是外控管理因素（学校、领导、学生、社区、家长）对教师在管理中地位的承认形式和程度。"以人为本"既是现代管理的一种理念，也是管理的手段和目的。"人本化"的教师管理，就是凭借"人本"的手段，实践"人本"理念，实现"人本"目的。

教师人本化管理的层次。人本管理在管理实践中有不同的形态，并且这些形态具有层次性。从教师外部因素来看，教师人本化管理一般分为如下几个层次。

情感沟通管理，这是教师人本化管理的最低层次，也是提升管理层次的基础。在这一阶段，学校领导与教师不再是单纯指示或要求的发布者和指示或要求的实施者，领导与教师有了除工作要求以外的其他沟通。虽然教师还没有就工作中的问题与管理者进行决策沟通，但它为决策沟通打下了基础。因此，学校管理者认识研究教师的心理需要、工作动机和发展需求，建立和谐幸福的心理家园，是激发教师对学校组织的认同感和归属感，主动参与管理，从而促进教师发展的基本因素。

关注教师的需要，是情感沟通管理的需要。美国人本心理学家马斯洛把人类多种多样的需要由低到高分为五个等次，即生理、安全、社交、尊重和自我实现。教师的这五种需要是否得到满足，一般取决于学校待遇的高低。待遇包括两部分，即物质待遇与精神待遇，或称内在待遇和外在待遇。物质待遇主要是指报酬待遇，如工资、福利、津贴、奖金等；精神待遇是指工作胜任感、成就感、责任感、受重视、有影响力、个人成长和富有价值的贡献等。因为精神待遇具有隐蔽性的特点，管理者似乎更重视显性的物质待遇。究其实，精神待遇作为人的内在需求，不会因为忽略而消失。物质待遇是保证教师正常工作的需要。所以，管理者在努力提高教师物质待遇，改善教师生活环境的同时，也要深刻理解精神待遇的人性意义，关注、了解、把握教师生活的精神需求，千方百计地提高教师对待遇的满意度。

尊重和欣赏教师，是情感沟通管理的前提。尊重、理解、宽容、欣赏等，是精神待遇和精神需求的内容。其中"尊重"需求，被认为是一个人的基本要求，人的这种渴望尊重和欣赏的需求是否得到满足，将直接影响到一个人的生存状态。尤其要尊重教师的个性，认可教师对生命价值的独特追求。因为，作为一个生命体，每一位教师都是独特的，有着不同的家庭背景和生活环境，有独特的成长经历与心路历程，在道德水准、心理素质、学业水平、工作能力乃至个性爱好等方面，都是千差万别的。所以在管理中，要承认教师的这种差异，尊重教师的人格，并且要身体力行，理解教师的思想情感，宽容教师的过失，欣赏教师的进步，让每一位教师拥有心理安全感和平衡感。

构筑良好的人际关系，是情感沟通管理的关键。人际关系也是精神待遇的重要方面，是人与人之间信息与情感的交流传递过程。良好和谐的人际关系环境，会使每一个身处学校组织的人都产生心灵的安全感与归属感。重视人际关系的管建，是将管理从注重工作转到了注重人这一方面，是实现人本化管理的重要体现。而在人际关系场中，最基本的环节是信任。信任是理解与尊重的基础，是建设性人际的柱石，如果信任这一环节出现松动，将会挫伤教师的工作积极性。

所以，学校应努力构建以信任为本的人际关系和精神家园，让每一名身处其中的教育工作者彼此享受到真诚的温暖与和谐，迸发出无比强大的工作热情，从而为学校的发展增添活力和动力。

争做四有好老师——职业之幸福

　　《关于全面深化新时代教师队伍建设改革的意见》是中华人民共和国成立以来党中央出台的第一个专门面向教师队伍建设的里程碑式政策文件。这是以习近平同志为核心的党中央高瞻远瞩、审时度势，立足新时代做出的重大战略决策，将教育和教师工作提到了前所未有的政治高度，对于建设教育强国、决胜全面建成小康社会、夺取新时代中国特色社会主义伟大胜利、实现中华民族伟大复兴的中国梦，具有十分重要的意义。

　　党的十八大以来，习近平总书记多次就教育和教师工作发表重要讲话，系统回答了一系列方向性、全局性、战略性问题，深刻阐述了新理念新思想新战略，构成了系统科学完整的习近平总书记关于教育的重要论述，是推动教育事业科学发展的强大思想武器，成为习近平新时代中国特色社会主义思想的重要组成部分。其中，总书记强调了教师职业的特殊性，指出教师培养的是德智体美全面发展的社会主义建设者和接班人、实现中华民族伟大复兴中国梦的主力军；对广大教师提出了殷切期望，希望广大教师坚持"四个相统一"，争做"四有好老师"，做好"四个引路人"；对各级党委和政府提出明确要求，要求从战略高度来认识教师工作的极端重要性，把加强教师队伍建设作为基础工作来抓，让教师成为让人羡慕的职业。广大教师牢记使命、不忘初衷，爱岗敬业、教书育人，改革创新、服务社会，做出了重要贡献。当前，我国社会主要矛盾已经转化为人民日益增长的美好生活需要和不平衡不充分的发展之间的矛盾。公平而有质量的教育，成为人民美好生活需要的基础前提，必须进一步加强教师队伍建设。教师应牢固树立新发展理念，全面贯彻党的教育方针，坚持社会主义办学方向，落实立德树人根本任务，遵循教育规律和教师成长发展规律，加强师德师风建设，培养高素质教师队伍，倡导全社会尊师重教，形成优秀人才争相从教、教师人人尽展其才、好老师不断涌现的良好局面。

习近平总书记在第30个教师节座谈会上对做"好老师"提出四点要求，振聋发聩，引人深思，激起共鸣，给新时期理想信念严重缺乏的老师指明了方向，点亮了明灯。下面我就如何做"四好教师"谈谈自己的一点感想。

理想信念，是好老师的人格基石。"师者，所以传道、授业、解惑也。"教师是人类文明的传递者、学生人生道路的引路人。有什么样的教师，就有什么样的教育；有什么样的教育，就有什么样的学生。梦想要以梦想去点燃，理想要用理想去唤醒。一个抱有理想信念的教师，才有可能在孩子、青年的心中播下梦想的种子。在价值取向多元的时代，我们每一个教师都要有远大的志向、纯粹的心灵、高尚的节操。教师只有树立崇高的职业信念，把教书育人当作自己的伟大使命，我们的教育才会灿烂，我们的学生才有希望。

一个有理想信念的好老师，心中装着国家和民族。在中国教育史上，被人们所称道、为历史所铭记的好老师，无一例外都是把自己的教书育人事业与国家、民族的奋斗目标、前途命运联系在一起。孟子说人生有三乐，其中之一就是"得天下英才而教育之"。如果一位教师自觉选择了为他人、为社会做有益的事情，为国家发展、民族复兴培养更多更好的人才，并以此为人生大乐，那么他的人生就有了永恒的价值，他所从事的这一职业就获得了伟大的意义。今天，在亿万人民向着民族复兴梦想迈进的征程中，教师既是筑梦人，也是追梦人、圆梦人。教师要忠诚于党和人民的教育事业，为实现中国梦培养更多更好的人才。

一个有理想信念的好老师，是社会主义核心价值观的带头践行者和传播者。人类社会发展的历史表明，对一个民族、一个国家来说，最持久、最深层的力量是全社会共同认可的核心价值观。培育和践行社会主义核心价值观，是实现中国梦的价值支撑。从事塑造灵魂、塑造生命、塑造人的工作的教师，理所当然是社会主义核心价值观的带头践行者。教师亦是核心价值观的传播者，为莘莘学子把好人生的"总开关"，扣好人生的第一粒"扣子"，就能为党和国家事业造就大批理想远大、信念坚定的合格人才，为实现民族复兴伟大梦想输送源源不断的生力军。教师要用自己的学识、阅历、经验点燃学生对真善美的向往，培养对中华文化、中国精神、中国价值有归属感乃至有信仰的年轻一代。

理想信念是人生的指路明灯。教师只有树立远大理想、坚定崇高信念，才能为社会、为民族培养出栋梁之材。每一个有理想、有追求的教师，都能以"传道"为第一责任和使命，为孩子点燃更灿烂的梦想，为国家和民族贡献更多正能量。

道德情操，是好老师践行教育使命的核心品质。"教，上所施，下所效也；育，养子使做善"，教师的职业特性决定了教师必须是道德高尚的人。教师的工作就是塑造灵魂、塑造生命、塑造人，最终达成向善的教育目标。教师是在言传身教的过程中，用自己的道德情操去感染学生、引导学生。因此，合格的老师首先是道德上的合格，好老师首先应该是以德施教、以德立身的楷模。《论语》有言："其身正，不令而行。"学生对于教师不仅是听其言，更观其行，教师在学生眼中是为人的模范。一个教师如果在是非、曲直、善恶、义利等方面都有问题，怎么能担当起立德树人的责任？教师只有以德立身、以身作则，学生才能以师为镜，自觉践行社会主义核心价值观。

一个有道德情操的好老师，会在自我修养的不断提升中实现道德追求。师德需要教育培养，更需要教师自我修养。做一个高尚的人、纯粹的人、脱离了低级趣味的人，应该是每个教师的不懈追求。腹有诗书气自华。教师自我修养的陶冶需得在读书上下功夫。心灵要用精神食粮去涵养，教师只有常读书、读好书，多读中国古典诗词、经典作品，以诗书育浩然之气，才能认识和相信道德之理。知行合一，互为表里，教师自我修养的完善更需要在行动中磨砺。教师要在教育教学实践中严于律己，用个人的行为来体现自己于公于私、于国于民的价值观；要在日常言行中三省吾身，自觉坚守伦理底线，见贤思齐、景行行止，唯此才能体会和展示道德之美。教师正是用在道德追求之路上的知行统一，去示范人的高尚和纯粹，去弘扬社会主义核心价值观和中华传统美德，去引领学生把握好人生的方向。

教师博学多才，学识广博，学生才会"亲其师、信其道"。"师者，所以传道、授业、解惑也。"教书育人是教师的使命，要做到这一点，教师一定要有扎实的学识，如果教师知识不扎实、教学不过硬，教学中必然会捉襟见肘，更谈不上游刃有余。我国自古以来就有"学高为师"的古训，指的是教师应在学识上高人一等，而"学为人师、行为世范"的话语，也鲜明地体现了深厚学识是好老师的必备素质之一。

好老师应在具体的教育情境中，丰富自身的实践性知识。教师的学识魅力不仅仅在于教师要拥有广博和专深的理论知识，更在于教师在具体的教育情境中积累的丰富经验，在于教师对自身教育教学经验的深切反思，在于教师能够运用知识和经验有效地、创造性地解决各种教学问题，在行动中做教育，在行动中做研究。只有这样，教师才能够成为智慧型的老师，教学课堂才会成为智慧型的课堂。教师在教育实践中所展现的学习、处世、生活、育人的智慧，彰显着自身的学识魅力，促进了自身专业成长和学生学业水平的提升。

所以，教师必须有扎实的专业知识。它表现在精通与知新方面。精通，就是对所教学科，要掌握其基本理论，了解学科的发展趋势和社会作用，掌握学科的技术重点、难点。不仅要知其然，而且要知其所以然，抓住要领，举一反三，激发学生对学习的兴趣。知新，就是要学习新知识，上课要有新意。当代科学知识分化急剧，新陈代谢迅速，应用期越来越短，知识的创新性越来越鲜明，这就要求教师要汲取新信息、新知识、新理论，不断充实自己，完善知识结构。专业知识的精通与知新，要求教师自觉坚持接受继续教育，始终站在学科信息的前沿。

爱是教育的灵魂，没有爱就没有教育。好老师要用爱培育爱、激发爱、传播爱，通过真情、真心、真诚拉近与学生的距离，滋润学生的心田。好老师应该把自己的温暖和情感倾注到每一个学生身上，用欣赏增强学生的信心，用信任树立学生的自尊，让每一个学生都健康成长，让每一个学生都享受成功的喜悦。教育是一门"仁而爱人"的事业，需要教师用爱去教育和感染学生，这种"仁爱之心"，建立在师生相互信赖的基石上，是老师对学生的尊重、理解和关怀。

教师的仁爱之心体现为真诚地尊重学生。作为一名教育者首先要相信学生，相信每个学生都能够成为有用之才。我国传统教育文化中赋予教师的"学而不厌、诲人不倦""有教无类""因材施教""教也多术"等优秀教育者的品质，正是在尊重学生的基础上发展出来的教育理念与方法。教师的这一尊重是把学生看作独立完整的社会人，因而在教育过程中尊重学生的人格，尊重学生的发展规律。进一步而言，教师的尊重还在于学会欣赏学生，这种欣赏不是简单的赏识，更不是单向的旁观，而是让学生在获得尊重、信任的同时学会自我教育、自我完善。

教师的仁爱之心体现为充分理解学生。老师要充分理解学生的需要，既包括学习的需要、成长的需要，也包括休息的需要、交友的需要等社会化的过程，特别要理解学生具有人格尊严的需要。教师充分地理解是师生间对话和沟通的导向，理解的过程就是师生双方相互探讨交流、交互作用的过程。因此，教师要善于倾听学生的心声，善于分享自己的感受，从而达到心灵与心灵的沟通、灵魂与灵魂的交融、人格与人格的对话。

教师的仁爱之心体现为宽容地关怀学生。教师的宽容是一种无私的仁爱，是爱中有严，严中有爱。宽容的关怀不是妥协，是教师用理解的态度来对待学生成长中遇到的问题，用自己的言行感化学生，用科学的方法帮助学生；宽容的关怀不是迁就，是教师施展教育的艺术，在适当的情形下用恰如其分的方式帮助学生解决问题，获得成长；宽容的关怀不是放纵，是教师自始至终把爱心融入学生的成长过程中，以关爱的心态分析学生的不足与过错，进而激励学生的上进心与志趣，以高度的责任心达到育人的目的。

一本书的启示——我心中之幸福

　　一个充满阳光的下午，我认真阅读了《人为什么活着》。这是中国人民大学出版社出版的图书，作者是稻盛和夫。它是日本"经营四圣"之一、京瓷集团创始人稻盛和夫先生思想的总结与精华。全书共三部分二十一章，作者用浅显易懂的语言，从宇宙、心智、欲望、人类的本性、人生的考验、苦恼与憎恨、共生与竞争等多个维度深入探讨了"人为什么活着"这一哲学基本命题，并由此展现了作者深刻的人生与经营智慧，揭示了企业永续经营、基业长青的奥秘所在，是写给每一位中国企业家的心灵读本，是企业家的人生与经营指导书，也是写给每一位青年的励志读本，是青年砥砺自己，不断完善自己的一部优秀的教科书。

　　伴着淡淡的清茶，捧着这部沉甸甸的书籍，我陷入深思，突觉人生如此的美妙，存在于这个世界上如此的幸福！犹如眼前的阳光，普照大地，滋生万物，活力四射；又如这杯清茶，即使不是名茶，却有滋有味。人生不就是为你的梦想，你的理想而奋斗，从而终感幸福吗！于是，我在随手笔记上写下几行字。

　　无论多小的物质，如果无法找出其存在的理由，那么这个地球乃至大宇宙就根本无法形成。换句话说，"存在"两个字本身就有无限重大的意义，再往近了说，人活在这个世界上就无比幸福。宇宙意志就是天然的爱，无论是道旁的一草一木还是一粒石子，里面皆存在着爱，人活着就要充满爱！宇宙的造物主将种种考验加诸在人类身上，然后观察他们如何面对考验，提升自己的心智，净化自己的意念。就此点而言，人生可以说是专门为心的修行而设立的道场，人面对各种经历，诸如挫折、坎坷等，磨炼心智则最为重要。宇宙万物不可能因"毫无办法"而放弃进化。因为人类既可以朝造物主给予的方向进化，也可以朝自己的方向进化，其原动力则是"提升心智"的意识，做好自己的事，为幸福而努力。事实上，不论眼前是否贫穷，是否罹患病痛，只要下定决心，谁都可以做到让自己的心灵多一些平静，让自己的人格品质和灵性多一些提高。人活着，不为富裕而跋涉，不为功名而艰辛，提升品质和灵性则为根本。意识体并非停留在某一个个体中，它不断移驻到下一个"我"的身体里，借此提升自己的心智、品德和人格。因此，我们不只对此生的自己要负责，对来生的自己也要负责，留下理想的火苗和种子，为后世所铭记。现代社会更需要的是从造物主的角度来审视世界，也就是环视整个宇宙和人类的问题之后，再认真考虑，人类到底要如何思考，才能让这个世界变得更美好；人到底如何努力，才能让你干的事业辉煌而灿烂！人类是地球上唯一能够"全盘思考地球事物"的生命，其他的动物或植物皆无此能力。正因为如此，人类是具有特殊价值的存在。对人类而言，倾尽全力为世界的进化而努力，才是人类最重要的使命。人要为自己的理想而日夜前行，完成自己的使命才是自己的终身追求。出人头地也好，成功也好，特异的人生也好，都只是人生的一种过程而已。人生真正的目的是成为一个有品质的人！我们可以运用"因果报应法则"来改变与生俱来的命运。也就是说，如果一心向善，时时行善，命运的方向也会随之往好的方向转变，人应为真善美而存在。在充满惊涛骇浪的人生中，无论是好的抑或坏的境遇，都是造物主赐给我们的考验，幸运的际遇与不幸的灾难在本质上同样都是考验。一个人如何面对这样的考验，将进一步决定他未来的人生会产生怎样的变化，因此，人要经受住各种考验、各种磨砺，才能成长。如果有时间去烦恼，就比别人更加倍努力地工作，保持谦虚绝不骄傲，每天自我反省。反省与烦恼完全不同，以知足、感恩之心活在人间，秉持宁可他人比自己好的利他之心而活。好逸恶劳乃人之常情，但是若将眼光放远，就会发现，年轻时遭受过苦难的人，相较生活环境优越的人，日后的成就往往更辉煌。经营事业最重要的是，最初的阶段应该用理性思考，实际执行或应对时不妨适度地运用感情。劳动的目的不应仅止于取得粮食，免于饥饿，也是为了磨炼人类的心智。如果每个人都勤奋努力，就能够培养出美好的心智，让人类变得更完美。我们不妨为劳动下此新定义。因此，劳动是人的主要业务，具有共生的理念，不但可以让生活已经富裕的我们，人生变得丰富多彩，而且如果大多数的人都能拥有这种理念，相信我们必定可以建立物质和精神同样富裕的社会。因此，只要有理想，有梦想，人就幸福。

在书的最后一页，我看到了《IT经理世界》杂志执行总编张鹏对这部书的评价：稻盛和夫先生对"人为什么活着"的思考之所以有意义，是在于他告诉了人们他对人和世界的理解，以及自己恪守的信念是什么。我相信大家从中都可以感受到，这种信念是怎样从一种个人价值观转移为另一种企业家精神，进而让大家从如何做人领悟到如何做企业的真谛；也看到了清华大学中国企业家思想研究中心主任王育琨对这部书的理解：许多中国一线企业家，可以经受任何艰难困苦的炼狱，却偏偏经受不住成功的磨难。问题在于，他们没有像稻盛和夫那样认识到"人生与经营活动是相通的"，没有回到人生和心灵修为的原点去经营企业。其实，正如稻盛和夫在本书中竭力阐发的：人生中信奉的哲学与经营管理中行之有效的哲学如出一辙。

记得在多年前曾读过一篇题为《什么是幸福》的童话，这篇童话故事主要讲了三个精灵通过共同劳动，砌了一口井，智慧仙子过来祝贺他们，让他们幸福，而三个精灵不知道什么是幸福，仙子便让他们自己去寻找答案。十年后，当医生的精灵说每救治完一个人之后很幸福；干杂活儿的觉得把东西全部放好休息时是幸福的；在村子里种地的则认为当庄稼获得大丰收，收割时是最幸福的。其实，这篇童话告诉我们幸福是要靠自己的劳动获得的，只有尽到了自己的义务，享受劳动之后的果实，那才是真正的幸福。虽然每个人的幸福都不一样，但实质是一样的，每个人都认为在自己的工作、学业上辛勤耕耘，在工作、学习之后享受果实的时候是幸福的。还有一些人认为幸福就是吃好穿好，这样的话，他肯定体会不到人生的乐趣，他的一生便是没有意义的！

于是我想，幸福在于劳动、贡献，而不是贪婪、索取；幸福更在于理想、梦想，一个人如果有了明确的理想，并为之努力奋斗，他就是一个幸福的人。

中 篇

一种引领

——文化

关于校园文化

"文化"一词，在西方源于拉丁文culture，原意是指农耕及对植物的培育。随着社会的发展，文化的含义也被引申。文化在《辞海》中这样解释：广义的文化是指人类历史实践过程中所创造的一切物质财富和精神财富的总和；狭义的文化是指社会意识形态，以及与之相适应的制度和组织结构。美国学者罗斯费勒在《文化管理》一书中认为，"文化是某一群体的生活方式，所学到的所有行为或多或少地定性为模式结构，这些行为以语言和模仿为载体传递给下一代"。从文化的内涵中我们看到，文化是一个内涵非常丰富，多维度的概念。校园文化作为文化大系统中的一个子系统，有广义与狭义之分。广义的校园文化包括文化、精神文化和制度文化。它有三个主体：管理者、教师、学生。狭义的校园文化一般指精神文化与活动文化，它的主体主要指学生。

文化，是天地万物（包括人）的信息的产生融汇渗透（过程）。文化是一个非常宽泛的概念，给它下一个严格和精确的定义是一件非常困难的事情。不少哲学家、社会学家、人类学家、历史学家和语言学家一直努力，试图从各自学科的角度来界定文化的概念。然而，迄今为止仍没有获得一个公认的、令人满意的定义。笼统地说，文化是一种社会现象，是人们长期创造形成的产物，同时又是一种历史现象，是社会历史的积淀物。确切地说，文化是凝结在物质之中又游离于物质之外的，能够被传承的国家或民族的历史、地理、风土人情、传统习俗、生活方式、文学艺术、行为规范、思维方式、价值观念等，是人类之间进行交流的普遍认可的一种能够传承的意识形态。

教育家苏霍姆林斯基说："领导学校，首先是教育思想上的领导，其次才是行政上的领导。"校长的教育思想和理念往往是一所学校的灵魂，在优秀的校园文化建设中，校长就像一个乐队的指挥，或和谐跃进，或舒缓悠扬，或书香弥漫，而每一个音符都是主旋律的不同表达，在他的指挥下奏出优美和谐的乐章，校长的理念就是乐章的主旋律。随着经济的发展，基础教育改革的不断深化，校长的教育理念也在不断地提升，校长的理念如何在校园文化建设中体现出来，让我们的中小学校园成为孩子们快乐成长的家园，让校园文化成为学生和教师的精神依靠和凝聚的乐园，是一个值得我们研究和深入思考的问题，因此我们首先要明确校长理念与校园文化建设的关系。

校园文化是从20世纪80年代中期开始被提到重要的研究日程的，其目的是改变在应试教育下的"死读书"现象，通过开展第二课堂、社团活动、课外活动等来丰富学校生活，发展学生社交、审美、文艺和创造等多方面的素质。随着90年代基础教育的不断改革、不断深化，特别是素质教育的全面推进和实施，各种活动充斥学校，校园文化无论是精神层面还是文化层面都得到了快速发展，各中小学在提高学生素质和培养"面向世界、面向未来、面向现代化"的人才过程中，校园文化建设丰富多彩。进入21世纪，伴随着新一轮基础教育课程改革的兴起和不断推进，追求培养具有高度的科学文化素养和人文素养、具有创造精神的中国人的教育理念，更多地关注学生的动手能力和思维创造能力，校园文化有了跨越式发展。

校园文化就是指一所学校在长期的教育实践过程中积淀和创造出来的，并为其成员所认识和遵循的价值观念体系、行为规范准则和物化环境风貌的一种整合和结晶，表现为学校的"综合个性"。它包括学校组织中文化的各个层面，即学校的物质文化、制度文化、精神文化等底蕴。一所有深厚文化底蕴的学校，一定能很好地塑造师生真善美的理想人格。校园文化是一种管理文化，同时也是教育文化和微观组织文化。校园文化包括校舍建设文化与环境设施文化，它们是校园文化建设的基础与前提和载体，是学校育人环境的重要组成部分。本文内容旨在研究校舍的建设和改造，校园环境美化、绿化、净化，创设校园文化环境设置，使校园物质文化建设在充分发挥使用功能的基础上，赋予其生动丰富的文化内涵，既能体现中外文化的先进性和交融性，又能起到教育功能的和谐性与统一性。

现代管理必须从文化的角度来看待制度，要赋予制度文化的色彩，使制度"文化"，使制度既能起到强制作用，又能发挥激励和规范作用，使师生在执行制度、遵守规则的同时，享有自尊，实现自我价值。本文研究如何建立和不断完善学校的管理体制、组织机构、生活娱乐方式、道德行为规范、学校规章制度等；学校制度执行的自觉化；制度文化建设的作用；建构制定、实施、监督、总结、反馈的完整运行系统，同时要把这一系统的实施和谐统一到学校工作的大系统中，真正体现制度文化的规范、约束、激励作用。

精神文化是校园文化最高层面的文化，校园精神实际上反映了一所学校所特有的哲学思想，这种哲学思想既是学校建设思想的高度概括总结，又是时代精神的精华。本文以沙河口区中小学20所校园为研究对象，研究校园文化精神如何准确体现文化传统和时代精神的交融；校园精神文化建设的核心要素。通过具体研究学校的校风、领导的作风、教师的教风、学生的学风等校园精神文化的核心内容，提升校园精神文化建设的品位。校园文化是一所学校管理者和全体师生员工，在学校建设和教育教学、学校管理的实践中积淀、凝练并共同创造的一种育人环境、一种精神追求、一种行为方式、一种舆论氛围，它对校园人无不产生着广泛而深远的影响。在学校的发展中起着灵魂作用的校园文化以"润物细无声"的方式引领着教师的思想行为。优美的校园环境、优良的校园精神、优质的制度文化对每一个校园人都会起到无处不在的感染和熏陶作用，它是一种内在的规范力量，影响着校园人的心理，改变着个人的行为。加里宁曾说："教育是对受教育者心理上所实行的一种确定的、有目的和有系统的感化作用。"校园文化实质是国家教育方针，社会对教育发展的要求，以及社会对受教育者的要求的文化表现形态，是有计划、有目的、有系统地对校园人的影响过程。优良的校风、教风、学风、班风、领导作风和人际关系等都体现着校园文化精神和价值观念，无不对校园人起着引领作用。

校园文化一旦形成就会成为学校群体的精神目标和支柱，被每一个个体所认同，对个体产生强大的凝聚力和向心力，从而使个体产生归属感，使学校的管理形成凝聚力。在这种校园文化的感召下，每个校园人为维护学校的整体文化传统而不断自我激励和完善，主动投入学校的校园文化建设当中，学校的管理发挥出强大的整体效应。校园制度文化是校园文化的内在机制，是校园文化建设的保障系统，起着规范校园人言行的重要作用。优秀的校园制度文化应该是以人为本的思想与科学管理手段相结合，建设发展人的主体性，提升人的生命价值，富有人文情怀、创新活力和团队精神的文化体系，让每一个校园人都能认同并自觉遵守，充分发挥成员个体的潜能。

校园文化包含主体与客体两个方面。校园文化的主体，是指营造、参与校园文化的校园人，包括学生、教师、管理人员、后勤服务人员等。校园文化的客体，就是指学生成长的客观环境，主要指校园的育人形态、严明的校规校纪、治学风格、办学手段等。校园文化建设是一所学校综合竞争力的表现，是它的综合素质的体现。随着素质教育的推进，随着课程的多元化，随着国家课程、地方课程和校本课程的建设，为我们校园文化建设提供了舞台和空间。校园文化是一种管理文化，关键人物是校长。校长的理想、价值观、行为准则等都会渗透到学校管理的各个方面，所以校长不仅要有办学个性，要有自己的办学思想，要有创造力，还要善于在教育实践中把校园文化逐步积淀下来，成为一种教育的影响，一种孕育着巨大潜能的教育资源。校长是一所学校的主要管理者，一所学校能不能形成符合时代精神，充满希望，又有自己鲜明个性特征的先进的校园文化，校长是关键。

那么，校长在校园文化建设中是什么角色呢？有人说，一个好校长就是一所好学校。校长在校园文化建设中的领导作用如何发挥呢？我认为有两个方面。一方面，通过权力影响实现。一个好校长应该成为一个教育家，第一，他要有自己的教育思想，或者说要有自己的教育理念。如果一所学校的领导对于什么是教育，什么是校长职责没有自己的独立见解，那也不可能成为一个教育家。第二，要把这种理念转化为制度，转化为操作性措施，使其体现在管理过程、课程建设、师资队伍建设等之中。第三，要对实现教育理念孜孜不倦地追求。努力克服各种各样的困难，最终形成自己的办学特色，形成自己的办学风格。另一方面，通过非权力影响实现。校长作为校园文化的领导者，校长自身的素质和品格对校园文化建设会产生一定的影响。校长的人格、品格、价值取向，对学校影响很大，起着导航作用。校长的品格、人格及自身具有的某些潜质都会自觉不自觉地对学校文化产生一定的影响。校长宽厚，则校风淳朴；校长严格，校规完善；校长倡导人文关怀，则学校师生关系融洽；校长注重学习研究，则学校学术氛围浓厚。

校园的文化建设首先是一所学校自己的办学理念，办学思想。校长要有自己的办学理念，要有自己的办学追求，而这种理念和办学追求基于自己对学校的感情，基于自己对教育的理解，基于自己对学校情况的理性分析，校长的办学理念和教育思想都会在校园文化建设中体现出来。学校的这种办学理念和办学思想及对办学理念的追求，要化为所有教师的理念和追求。校长的作用就是把这种理念结合自己的实际情况加以具体化。一个学校领导如何营造自己的校园文化，这是一个具有教育家风范的学校领导应该思考的问题，也是一个具有教育家风范的学校领导应该实践的问题。一所学校的文化，它需要很长时间的孕育、氤氲、发展，形成一种育人的氛围、育人的文化。这样的一种校园文化的建设，是我们校长的真正使命。对学校文化的建设并不是把它放在嘴上"口号化"，而是将它一点一点地渗透进学校的各项制度和规范中。要切合学校的实际，要在和教师、学生、家长不断的交往过程中慢慢地形成自己的办学理念。校领导的伟大之处就在于能够把这种新的、好的、代表文化发展方向的先进理念转化成具体的、大家认同的观念，形成自己学校具体可操作的目标。例如，对新的课程改革这一理念的践行。这次课程改革不仅是课程设计的变化，更是教学价值观的更新，是一种新的师生关系的构成，是一种新的教学关系的创造。它提倡问题意识，提倡情境设置，提倡知识的综合，提倡探究性学习，提倡和生活的联系，提倡实际生活能力的培养。校长应当是这场课程体系改革的主角，他要用战略家的眼光去审时度势，充当急先锋，与时俱进，全身心地投入，引领教职工参与实践。

关于"融以至高"文化

以我校"融以至高"文化为例。

学校文化作为一种环境教育力量，其终极目标就在于创设一种氛围，以期陶冶学生情操，构建学生健康人格，全面提高学生素质。它作为一种隐性课程，通过学校健康向上的精神因素及优美的物质环境给学生以积极的影响和感染、熏陶来实现教育的目的，具有情境性、渗透性、持久性、暗示性、愉悦性等特点，对学生的健康成长有着巨大的影响，是实施素质教育的重要载体，体现了学校内涵发展的精神底蕴。

近年来，我校立足学校历史、现状，着眼学校长远发展，提出了以"融以至高"为核心理念的学校文化发展思路。

"融以至高"，就是以人文主义思想为根基，以"融"为核心理念，以师生的成长发展为本，通过人文化管理，达到"至高"的目标，实现学校崇高使命和美好愿景。教育的过程是追求以融合、融汇、融化的教育思维拓展教育的长度、广度、深度的过程，这个过程让教育充满情怀，让教育润泽人生。

"融"，就是"和而相融、融而不同"，表现为"融合、融洽、融化"三个层次。

"高"，就是以高自励，高瞻远瞩，勇攀高峰。包括高度、高品、高质。

从"融以至高"这一核心理念出发，学校在文化建设方面明确了下列内容。

形象定位：红古一流、金城闻名、陇原示范。

发展愿景：创办红古一流教育、争创省级示范学校。

学校精神：鸿雁精神。

征雁齐飞，协作如一；融而不弃，有仁有义；尽心尽责，信念坚毅；鸿鹄之志，自强不息！

鸿雁精神就是团队精神、拼搏精神。以鸿雁作为学校的精神载体，就是要以鸿雁的精神铸就兰州市第十八中学学生的鸿鹄之志，以鸿雁品格铸就师生宽广的胸怀、执着的精神、坚定的信念、高尚的情操、高度的责任心、顽强拼搏的毅力、创新超越的本领、团结协作的作风。

校训：明德、崇智、博学、笃行。

"明"，一为明白、清楚，二为懂得、了解，三为弘扬、彰显；"德"，指品行、品质、道德。语出《大学》："大学之道，在明明德"，即认同、践行和彰显美德。

崇尚科学，学习文化，开启智慧。培根说："知识就是力量！"梁启超说："少年智则国智。"崇智，就是发挥人的主观能动性和聪明才智，激发学习兴趣，学习各方面的知识与技能，做对国家、对社会有用的人。

"博"，即宽广、广博。《礼记·中庸》曰："博学之，审问之，慎思之，明辨之，笃行之。"博学，就是学习要广泛涉猎，达到学识渊博，知识丰富。作为教师，应学识渊博、造诣精深；作为学生，应打下厚实的功底，全面提升综合素质。

"笃"有忠贞不渝、踏踏实实、一心一意、坚持不懈之意。笃行，就是既然学有所得，就要努力践履所学，使所学最终有所落实，做到"知行合一"。

校风：正、和、雅、健。

树立正气，笃行正道，传播正能量；倡导和谐，贵在和融，校和万事兴；校容雅洁，环境文雅，言行情趣高雅；体魄健康，人格健全，天行健自强不息。

教风：博、敬、润、新。

博学多才，胸怀博大；虔敬学术，敬畏事业；润泽生命，润物有方；时代先锋，立志创新。

学风：勤、实、自、恒。

勤学好问，天道酬勤；踏实朴实，扎实诚实；自主学习，自爱自强；持之以恒，坚定守恒。

在此文化的引领下，经过全校师生的努力，学校发展目标定位和办学特色更加明晰。随着办学声誉不断提高和影响力的逐渐扩大，学校积累了特色办学的初步经验，逐步形成了"内涵发展、追求卓越"的办学特色，实现了我国基础教育办学模式破冰式的创新，取得了较大成就，多家媒体先后做过长篇报道，全面介绍了我校发展特色，社会反响良好。教育教学成绩稳中有升，办学质量不断提高。近年来高考上线率一直居红古地区首位，特别是2018年高考，取得了历史性突破，尤其是融智班，一本上线率超90%，总上线率达到99.30%，28所市级示范性高中中我校名列第10名。2018年我校获得兰州市普通高中教育质量进步奖。2019年更是创下了建校以来最好成绩，第一批重点院校上线134人，比2018年净增35人，上线率23.47%，第二批本科院校以上上线491人，上线率86%，其中融智班第一批重点院校上线37人，上线率84%，第二批本科院校以上上线44人，上线率100%，为中国人民大学、浙江大学、上海交通大学、南开大学、西安交通大学、国防科技大学、同济大学等全国知名高校输送了大批人才。

近年来，我校十余名教师获得市、区级教学新秀称号；我校取得各类教科研成果74项；在本次兰州市教科研工作大会中，我校教师荣获兰州市基础教育教学成果一等奖；我校在兰州市中小学课间操视频评选中荣获学组一等奖；在兰州市运动会中，我校学生乒乓球代表队荣获高中女子团体组第一名、男子团体组第六名的好成绩；在兰州市中小学器乐舞蹈大赛中，我校选送的节目分别获得一、二等奖；在科技创新、网络知识竞赛、各类征文比赛等各项活动中，我校获奖学生过百人。

学校先后获得甘肃省文明单位、甘肃省卫生单位、兰州市教育系统先进单位、兰州市高中教育质量优秀奖、兰州市绿化园林单位、"五四"红旗团支部、兰州市"阳光体育示范校"、兰州市科技创新教育基地学校、红古区"先进集体"等称号。办学条件不断改善。综合教学楼、综合实验楼、学生公寓、师生餐厅焕然一新；投资1500万元建成的多功能塑胶操场；拥有功能齐全、性能先进的实验室、功能室18个；容纳300多人的学术报告厅1个；功能先进的阶梯教室1个；通用技术教室2个；课堂录播教室1个；图书室藏书近5万册。所有教室都安装了多媒体电教设备，教学、办公基本实现了自动化、信息化。特别是2017年1月马忠林金城名校长工作室正式挂牌和2017年7月兰州市银涛数学名师工作室二级工作室正式落户，成为我校管理及教研工作飞跃发展新的助推剂。

记得在兰州市第十八中学第十一届校园文化艺术节开幕式上，我说，近年来，我校在全面推进素质教育，提升办学品位上取得了累累硕果。校园有了"融以至高"文化，就有浓厚的文明底蕴；校园有了艺术，就有灵动的精神升华。学校每年都举办一次大型文化艺术节活动，就是要营造积极、健康、浓郁的文化氛围，从而进一步推进学校文化建设，全面加强素质教育。学校始终注重校风学风建设，注重德育建设，注重硬件设施建设，更注重学校文化建设理念。通过开展丰富多彩的文化艺术活动，促进每一个学生特长发展，让全体师生都能全面健康地发展，成为21世纪多元化发展的栋梁之材。我们坚信，拥有个性就拥有丰富的创造力，学会学习就是学会生存，超越自我就是超越未来。我们始终力求，让每一名学生的每一天都有所乐、有所为、有所获。我校的校园文化艺术节已经成功地举办了十届，它已经成为我校学校文化建设的重要组成部分。我们精心组织，扎实推进，以各项文化艺术活动、创新活动为载体，展示学校综合教育的成果，营造良好的学习氛围，增强学生的创新意识，提高学生的实践能力，激发学生勤奋学习、锐意进取，树立良好的校风、学风，推进校园文化建设，进一步提升我校学生的思想品质、实践能力、文化底蕴和艺术涵养。

哈佛大学加德纳教授的"多元智能理论"认为，每个人身上至少存在语言、数理逻辑、空间、身体运动、音乐、人际关系、自我认识等七项智能。一个人之所以碌碌无为，只是没有充分发挥自己的潜能，不懂得挖掘自己的智能宝库而已。不同的人之所以出现七项智能的差异，跟生活经历和锻炼相关。兰州市第十八中学展现自我的舞台已经搭好，帷幕已经拉开，序曲已经唱响，希望同学们尽情演绎才智，展现自我特长，张扬个性，挥洒青春。让老师、同学们为你欢呼，为你骄傲，为你喝彩！

我们坚信，不久的将来，兰州市第十八中学在"融以至高"文化引领下，将以更加现代化、高效化、优质化的全新形象屹立在兰州市教育这片充满生机的沃土上。

关于"阳春·三品"

记得我担任兰州市第十七中学校长时，就提出了"阳春·三品"的办学理念，其核心是：通过学校文化建设，将学校打造成如春天般温暖、如阳光般灿烂的育人学校。要让孩子们在如阳光般灿烂的人文环境里学习成长，形成阳光般灿烂的内心世界，度过阳光般灿烂的初中生活。在学校文化建设上，提出了"做品位教师，育品质学生，创品牌校园"的"三品"内涵。在教学教研上，提出了"走出去，请进来，竖起来，长起来，壮起来"的教研理念。在学校建设方面，提出了学校精神力建设，科学概括了十七中学五大学校精神。这些学校发展理念，为之后的工作提供了思想理论支持和目标指引，提升了学校发展的层次。此学校文化建设方案，描绘了十七中学未来发展的美好蓝图，和老师们一起的誓词还记忆犹新：居华龙之乡，饮湟水之甘。胸怀丹心，身练九法；团结和谐，敬业创优；求实肯干，积极向上。育一方学子，成八方英才。一展名师英姿，尽显十七风采！

兰州市第十七中学地处红古区政府所在地海石湾，是一所独立初中，开办于2004年8月，开办初，在校学生900多人，教职工68人。2011年5月，组织派我到兰州十七中学工作。面对一所新学校，我认识到学校文化建设是学校可持续发展的内在动力，是一所学校综合办学水平的重要体现。为此，我和我的团队确立了"以打造高效课堂为核心，以创建文化校园为内容，全面推进十七中科学发展"的办学理念，明确"两个绝不"：即教育质量为中心绝不松手，学校文化建设绝不放手。经过6年的努力，十七中学办学水平、办学质量、办学规模显著提高，实现了跨越式发展。现有在校学生2100人，教职工163人，教学班42个。

我用三句话概括我的做法。

一、十年磨一剑，打造品位教师

学校精神是一所学校所具有的精神品质，它体现着学校的个性，是学校软实力的核心组成部分。2012年，我们概括提炼出了十七中学五大学校精神，它为教职工树起了精神标杆，汇聚了学校正能量。这是学校文化建设的核心所在，是十七中取得一系列成绩的精神支柱，是十七中蓬勃发展的力量源泉和精神财富。学校发展，教师第一。在打造品位教师方面，以精神引领为核心，培养教师团结一心、扎实肯干、积极向上的精神品质；以校本培训为基础，培养出我们自己的专家型人才，提高了教师的整体业务素养；以校内各类教育教学评比活动为平台，促进了教师业务能力，由此，历练出的是知识广博、人格高尚、健康自信的十七中教师，真正成为学生精神品质和知识技能的引领者。今天的十七中教师是有着内心的责任、踏实的作风、开放的情怀和成长的理想的品位教师，深受学生喜爱。正如今年的毕业典礼上，学生刘佳这样说道："你们不曾喋喋不休地教导我们如何做人、如何做事，但是，我们亲眼看到了，亲身经历了，用心感受了。……我为自己能遇到这样的教师而感到幸运，我更为自己能在这样的环境里健康快乐成长而感到幸福。"

二、润物细无声，培育品质学生

基础教育，学生接受教育第一，学生健康成长第一，学校育人第一。所以，我们从七年级学生的入学教育到九年级学生毕业前的理想教育，从第一周到最后一周，从进校到离校，从上课到下课，从立足于品质学生培养的十四门校本课程，到七彩校园文艺会演，运动会，男子篮球联赛，女子乒乓球联赛，六大项文学艺术、学科的大奖赛，再到各类社团活动兴趣小组，环环相扣，强调的是流程育人、环境育人、活动育人；培养的是"明理尚德、阳光向上"的品质学生。近两年的实践证明，学生整体文明素养明显提高，成效显著。

三、长风破浪会有时，成就品牌学校

　　学校这几年的中考、抽考等教学成绩依然绝对保持全区领先，每年将近有上百名的优秀毕业生被省、市示范性高中录取。高中升学率达到80%以上。学校特色教育显著，阳春文化系列活动初见成效，尤其是二胡、电子琴、手风琴、陶笛等特色项目得到了家长和社会的一致好评，2014年省教育厅王嘉毅厅长、2016年郝远副省长到红古区视察，给予了高度赞扬。我没有多出色，但我深知自己责任重大，两千余名学生的成长与我密切相关，这份责任促使我必须一丝不苟，必须深思谋虑，必须全力以赴。对于学校未来发展，我充满梦想，充满希望，"阳春·三品"为学校建设做出了指引，为学校中长期规划指明了方向：打造品位教师，培养品质学生，创办品牌学校，要将十七中办成红古示范、兰州市一流、全省范围内具有一定影响力的市级示范性名校，办出广大人民群众信赖、喜欢、夸赞的教育。

校园文化建设策略

　　通过以上校园文化建设实践，笔者得出以下几个方面关于校园文化建设的基本策略。校园文化建设策略中"策略"一词应从三个方面来理解：一是校园文化建设中的一种谋略，也就是校园文化建设的理念是最高层位的；二是校园文化建设的方法，是实践理念的具体内容；三是校园文化建设的一种艺术，是理念与方法的一种融合，彰显校园文化建设的品质特征。针对校园文化建设中存在的诸多问题，我们试图寻找解决的良策，基于对校园文化建设的普遍性思考，提出以下基本策略供校长们在校园文化建设的实践中参考。

　　用先进的理念为统领，明确指导思想，努力创建和谐的中小学校园文化是一个系统工程，也是一个不断推进、长期积累的过程。深层地研究本校实际，动态地构建校园文化脉络，提升、规范校园文化，以全新的观念、方法去创建和谐的校园文化应该是学校的一件大事。在校园文化建构中，坚持以人为本，体现人性化的管理。学生是校园文化的主体，教职员工是校园文化的主导者，领导是校园文化的倡导者，要把师生员工看作学校生活的主人，是校园文化的建设者，只有把主体性与主导性统一起来，才能调动他们参与校园文化建设的积极性，在参与建设中受到良好的熏陶与教育。校园文化建设必须发挥广大教师，特别是学生群体的积极性，使他们主动、自主地参与、建构、调整和提高，在自主建设、自我实践中受到教益、锻炼，但强调自主性并不意味着放手不管；相反，要从更高层次上要求，对这些活动既要给予大力支持，又要给予正确引导。建设校园文化，要以学生的发展为主题，以"人文、协作、创新、实践"的学校理念为指导。以人为本的校园文化建设承载着精神文明建设的使命，必将体现一定的时代特征，从而培养并输送能适应时代发展，能参与社会竞争与合作，能积极推进、引导社会发展的学生个体，就要注重"四育人"（教书、管理、服务、文化）的有机结合。在教学中，既要传授学生知识，又要教会学生如何学习，更要教导学生如何做人；在管理和服务上提倡"博爱"，为学生的学习和生活提供有效保障，在严谨规范的运行轨道中，充分锻炼学生自我管理能力。

中小学校园文化建设应当纳入学校各项工作中，开展校园文化活动，应注意克服形式主义，注重实效，要调动一切积极因素，充分发挥共青团、少先队、职代会、学生会及校园文化社团组织的作用，齐抓共管；要从实际出发，扬长避短，突出特色；要加强督导检查，定期考核评价，促进其健康发展。因此，必须健全和完善相应的组织机构建设和队伍建设。校园文化队伍的勤奋与能干，对正常开展校园文化活动，加强校园文化建设，具有十分重要的、决定性的作用。由于教师和学生是学校的主体，他们的积极性和潜在能量是巨大的能动资源，所以，要由学校领导、教师学生等方方面面的代表组成，要确定以人为本的思想，学会关心人、尊重人、信任人，善于发挥人的潜能，激发人的创新精神。学校是社会的育人之地，必然要体现社会要求的必须共同遵循的教育管理规律，因此各个学校的文化建设都有共性，但由于学校不同，发展历史和所处地域环境不同，校园文化的内部规划和建设内容也有各自的特性，故需要发展个性、特殊性和多样性，只有发展个性、特殊性和多样性，才能弘扬各自的优势、潜力和创造性，才能提高教育质量，提升学生个人和学校整体的素质水平，这就需要把共性和个性统一起来，具体体现在既要把握时代特征，又要突出各校特色。在校园文化建设实施中要抓住关键因素，抓点带面促进整体风气的形成。以建设优良的校风、教风、学风为核心，推动形成厚重的校园文化积淀和清新的校园文明风尚，使学生在日常学习生活中接受先进文化的熏陶和文明风尚的感染，在良好的校园人文、自然环境中陶冶情操，促进全体学生的全面发展和健康成长。

在校园文化建设中主体的作用是取得成效的关键，只有主体的积极参与，载体的多元有效才能取得事半功倍的效果。因此，要精心设计和组织开展内容丰富、形式多样、吸引力强、能够调动学生主动参与的校园文化活动。充分利用"五四"青年节、"六一"儿童节、"七一"建党纪念日、"十一"国庆节及教师节等重大节庆日，设计、开展丰富多彩的活动。开展校园文化活动，要尊重中小学生的身心特点，充分考虑他们的年龄差异、地域差异和个体差异，切合各地实际，既体现知识性、科学性，更突出趣味性、娱乐性，最大限度地调动发挥学生的积极性、主动性和创造性，反对形式主义。

在校园文化建设中，要用系统论做指导，要有整体的构架，通盘布局，就像撰写一篇好文章，每一段文字和每一句话都是作者对文章中心思想的表达。校园文化建设也是一样，有核心理念，这一理念通过不同的构成表达出来，形成和谐的整体。环境是育人"土壤"，不但要注重"硬"环境条件的建设，更要突出"软"环境的培植，在学习创新、技能实践、文体竞技、团队精神、思想导向及生活等方面营造良好的成长环境。要充分利用校园的每一个角落，营造良好环境和氛围，使校园的一草一木、一砖一石都体现教育的引导和熏陶作用。环境设计要充分体现不同的集体和个人对校园文化的认识与理解，赋予它丰富的生命力，形成独特的人文氛围，使每一处环境都成为学生进行学习、探究、实践的课题和园地，为学生的发展提供更为广阔的空间。传递先进思想和时代最强音的网络作为"第四媒体"进入校园，对传统教育提出了挑战，校园网络文化已成为校园文化网络的重要组成部分，以其独有的方式深刻地影响和潜移默化地改变着学生，特别是对学生的认知、情感、思想和心理的影响和改变。但网络文化并非一方净土，如何进行引导和实施有效的监管，已成为学校德育亟须解决的问题。所以，要抢占网络思想文化阵地，弘扬主旋律，突出网络政治性、思想性、导向性、理论性、亲和性、多样性。如何突破？就要加强研究，努力构建健康文明、艺术化的、蓬勃向上的校园网络文化环境，使学生在这种文化环境中既获得信息素养和审美能力，又具有正确的信息价值观和道德观。

文化发展如同现实发展一样，时时遵循新陈代谢的规律，这是我们讨论继承和创新原则的理论基点。马克思主义认为，人们自己创造自己的历史，但他们并不是随心所欲地创造，并不是在他们自己选定的条件下创造，而是在直接碰到的、既定的、从过去继承下来的条件下创造。根据这一原则，文化继承和创新有三种形态，即对某些内容和形式都已经陈旧，并且已经失去了生命活力的文化，我们应给予淘汰、去除；保留某些仍有"合理存在"性的文化形式，革新其内容；在文化营造时，对一切有利于新的时代、新的社会生活发展的文化内容和形式要大力提倡，使之发扬光大。随着历史的发展和社会的进步，校园的物质文化、制度文化和精神文化都有一个继承和创新的问题，我们需要继承和弘扬优秀的民族文化传统，继承和弘扬我们现实教育形成的优秀传统，使之发扬光大，但我们又不能不把握新的时代需要，进行必要的改革、完善和发展，以适应时代的需要。

无论是教育理论研究者，还是基础教育研究者，或者是基础教育领域的工作者，一定要调整思路，更新观念，加强中小学校园文化的研究，尽快出台一些具有可操作性及实际指导意义的比较完善的中小学校园文化建设的理论体系、评估体系及实践模式。

下 篇

一个趋势

——创新

价值最大化——理念之创新

关于教育理念

学校要发展，理念要先行。笔者结合自己多年的办学经验，认为未来的学校发展要走内涵式发展道路，实现学校发展由粗放型向集约型转变。

一、百年大计，教育为本

教育是民族振兴、社会进步的基石，是提高国民素质、促进人全面发展的根本途径，寄托着亿万家庭对美好生活的期盼。强国必先强教。《国家中长期教育改革和发展规划纲要（2010—2020）》（以下简称《教育规划纲要》）明确提出，优先发展教育、提高教育现代化水平，对实现全面建设小康社会奋斗目标、建设富强民主文明和谐的社会主义现代化国家具有决定性意义。优先发展、育人为本、改革创新、促进公平、提高质量，成为教育发展的指导方针。

《教育规划纲要》把育人为本作为教育工作的根本要求。人力资源是我国经济社会发展的第一资源，教育是开发人力资源的主要途径。要以学生为主体，以教师为主导，充分发挥学生的主动性，把促进学生健康成长作为学校一切工作的出发点和落脚点。关心每个学生，促进每个学生主动地、生动活泼地发展，尊重教育规律和学生身心发展规律，为每个学生提供适合的教育。努力培养造就数以亿计的高素质劳动者、数以千万计的专门人才和一大批拔尖创新人才。

1. 把改革创新作为教育发展的强大动力

教育要发展，根本靠改革。要以体制机制改革为重点，鼓励地方和学校大胆探索和试验，加快重要领域和关键环节改革步伐。创新人才培养体制、办学体制、教育管理体制，改革质量评价和考试招生制度，改革教学内容、方法、手段，建设现代学校制度。加快解决经济社会发展对高质量多样化人才需要与教育培养能力不足的矛盾、人民群众期盼良好教育与资源相对短缺的矛盾、增强教育活力与体制机制约束的矛盾，为教育事业持续健康发展提供强大动力。

2. 把促进公平作为国家基本教育政策

教育公平是社会公平的重要基础。教育公平的关键是机会公平，基本要求是保障公民依法享有受教育的权利，重点是促进义务教育均衡发展和扶持困难群体，根本措施是合理配置教育资源，向农村地区、边远贫困地区和民族地区倾斜，加快缩小教育差距。教育公平的主要责任在政府，全社会要共同促进教育公平。

3. 把提高质量作为教育改革发展的核心任务

树立科学的质量观，把促进人的全面发展、适应社会需要作为衡量教育质量的根本标准。树立以提高质量为核心的教育发展观，注重教育内涵发展，鼓励学校办出特色、办出水平，出名师、育英才。建立以提高教育质量为导向的管理制度和工作机制，把教育资源配置和学校工作重点集中到强化教学环节、提高教育质量上来。制定教育质量国家标准，建立健全教育质量保障体系。加强教师队伍建设，提高教师整体素质。

《教育规划纲要》明确提出，到2020年，基本实现教育现代化，基本形成学习型社会，进入人力资源强国行列。

二、实现更高水平的普及教育

基本普及学前教育；巩固提高九年义务教育水平；普及高中阶段教育，毛入学率达到90%，形成惠及全民的公平教育。坚持教育的公益性和普惠性，保障公民依法享有接受良好教育的机会。建成覆盖城乡的基本公共教育服务体系，逐步实现基本公共教育服务均等化，缩小区域差距。努力办好每一所学校，教好每一个学生，不让一个学生因家庭经济困难而失学。切实解决进城务工人员子女平等接受义务教育问题。保障残疾人受教育权利。

1. 提供更加丰富的优质教育

教育质量整体提升，教育现代化水平明显提高。优质教育资源总量不断扩大，更好地满足人民群众接受高质量教育的需求。学生思想道德素质、科学文化素质和健康素质明显提高。各类人才服务国家、服务人民和参与国际竞争能力显著增强。

2. 健全充满活力的教育体制

进一步解放思想，更新观念，深化改革，提高教育开放水平，全面形成与社会主义市场经济体制和全面建设小康社会目标相适应的，充满活力、富有效率、更加开放、有利于科学发展的教育体制机制，办出具有中国特色、世界水平的现代教育。

坚持以人为本、全面实施素质教育是教育改革发展的战略主题，是贯彻党的教育方针的时代要求，其核心是解决好培养什么人、怎样培养人的重大问题，重点是面向全体学生，促进学生全面发展，着力提高学生服务国家服务人民的社会责任感、勇于探索的创新精神和善于解决问题的实践能力。

三、坚持德育为先

立德树人，把社会主义核心价值体系融入国民教育全过程。加强马克思主义中国化最新成果教育，引导学生树立正确的世界观、人生观、价值观；加强理想信念教育和道德教育，坚定学生对中国共产党领导、社会主义制度的信念和信心；加强以爱国主义为核心的民族精神和以改革创新为核心的时代精神教育；加强社会主义荣辱观教育，培养学生团结互助、诚实守信、遵纪守法、艰苦奋斗的良好品质。加强公民意识教育，树立社会主义民主法治、自由平等、公平正义理念，培养社会主义合格公民。加强中华民族优秀文化传统教育和革命传统教育。把德育渗透于教育教学的各个环节，贯穿于学校教育、家庭教育和社会教育的各个方面。切实加强和改进未成年人思想道德建设和大学生思想政治教育工作。构建大中小学有效衔接的德育体系，创新德育形式，丰富德育内容，不断提高德育工作的吸引力和感染力，增强德育工作的针对性和实效性。加强辅导员、班主任队伍建设。

四、坚持能力为重

优化知识结构，丰富社会实践，强化能力培养。着力提高学生的学习能力、实践能力、创新能力，教育学生学会知识技能，学会动手动脑，学会生存生活，学会做人做事，促进学生主动适应社会，开创美好未来。

五、坚持全面发展

全面加强和改进德育、智育、体育、美育。坚持文化知识学习与思想品德修养的统一、理论学习与社会实践的统一、全面发展与个性发展的统一。加强体育，牢固树立健康第一的思想，确保学生体育课程和课余活动时间，提高体育教学质量，加强心理健康教育，促进学生身心健康、体魄强健、意志坚强；加强美育，培养学生良好的审美情趣和人文素养；加强劳动教育，培养学生热爱劳动、热爱劳动人民的情感。重视安全教育、生命教育、国防教育、可持续发展教育。促进德育、智育、体育、美育有机融合，提高学生综合素质，使学生成为德智体美全面发展的社会主义建设者和接班人。

1. 加快普及高中阶段教育

高中阶段教育是学生个性形成、自主发展的关键时期，对提高国民素质和培养创新人才具有特殊意义。注重培养学生自主学习、自强自立和适应社会的能力，克服应试教育倾向。到2020年，普及高中阶段教育，满足初中毕业生接受高中阶段教育需求。

2. 全面提高普通高中学生综合素质

深入推进课程改革，全面落实课程方案，保证学生全面完成国家规定的文理等各门课程的学习。创造条件开设丰富多彩的选修课，为学生提供更多选择，促进学生全面而有个性地发展。逐步消除大班额现象。积极开展研究性学习、社区服务和社会实践。建立科学的教育质量评价体系，全面实施高中学业水平考试和综合素质评价。建立学生发展指导制度，加强对学生的理想、心理、学业等多方面指导。

3. 推动普通高中多样化发展

促进办学体制多样化，扩大优质资源，推进培养模式多样化，满足不同潜质学生的发展需要。探索发现和培养创新人才的途径。鼓励普通高中办出特色。鼓励有条件的普通高中根据需要适当增加职业教育的教学内容。探索综合高中发展模式。采取多种方式，为在校生和未升学毕业生提供职业教育。

六、更新人才培养观念

深化教育体制改革，关键是更新教育观念，核心是改革人才培养体制，目的是提高人才培养水平。树立全面发展观念，努力造就德智体美全面发展的高素质人才。树立人人成才观念，面向全体学生，促进学生成长成才。树立多样化人才观念，尊重个人选择，鼓励个性发展，不拘一格培养人才。树立终生学习观念，为持续发展奠定基础。树立系统培养观念，推进小学、中学、大学有机衔接，教学、科研、实践紧密结合，学校、家庭、社会密切配合，加强学校之间、校企之间、学校与科研机构之间合作，以及中外合作等多种联合培养方式，形成体系开放、机制灵活、渠道互通、选择多样的人才培养体制。

1. 创新人才培养模式

适应国家和社会发展需要，遵循教育规律和人才成长规律，深化教育教学改革，创新教育教学方法，探索多种培养方式，形成各类人才辈出、拔尖创新人才不断涌现的新局面。

2. 注重学思结合

倡导启发式、探究式、讨论式、参与式教学，帮助学生学会学习。激发学生的好奇心，培养学生的兴趣爱好，营造独立思考、自由探索、勇于创新的良好环境。适应经济社会发展和科技进步的要求，推进课程改革，加强教材建设，建立健全教材质量监管制度。深入研究、确定不同教育阶段学生必须掌握的核心内容，形成教学内容更新机制。充分发挥现代信息技术作用，促进优质教学资源共享。

3. 注重知行统一

坚持教育教学与生产劳动、社会实践相结合。开发实践课程和活动课程，增强学生科学实验、生产实习和技能实训的成效。充分利用社会教育资源，开展各种课外及校外活动。加强中小学校外活动场所建设。加强学生社团组织指导，鼓励学生积极参与志愿服务和公益事业。

4. 注重因材施教

关注学生不同特点和个性差异，发展每一个学生的优势潜能。推进分层教学及走班制、学分制、导师制等教学管理制度改革。建立学习困难学生的帮助机制。改进优异学生培养方式，在跳级、转学、转换专业及选修更高学段课程等方面给予支持和指导。健全公开、平等、竞争、择优的选拔方式，改进中学生升学推荐办法，创新研究生培养方法。探索高中阶段、高等学校拔尖学生培养模式。

七、改革教育质量评价和人才评价制度

改进教育教学评价。根据培养目标和人才理念，建立科学、多样的评价标准。开展由政府、学校、家长及社会各方面参与的教育质量评价活动。做好学生成长记录，完善综合素质评价。探索促进学生发展的多种评价方式，激励学生乐观向上、自主自立、努力成才。

改进人才评价及选用制度，为人才培养创造良好环境。树立科学人才观，建立以岗位职责为基础，以品德、能力和业绩为导向的科学化、社会化人才评价发现机制。强化人才选拔使用中对实践能力的考查，克服社会用人单纯追求学历的倾向。

根据以上方针政策，笔者提出了幸福教育的理念，以"融以至高"系列文化引领，全力打造新时期教育事业。那么，如何改进学校管理体系？笔者认为，认清目前所在学校实际情况很重要。

教育理念案例

以兰州市第十七中学、兰州市第十八中学为例。

兰州市第十七中学这几年的工作也是卓有成效的。获得省委省政府、市委市政府分别授予的"两基"工作先进单位、甘肃省五一劳动奖状，以及兰州市文明单位、兰州市工人先锋号等省、市、区120多项荣誉称号。任校长期间连续6年获得兰州市教育教学质量评比优秀一等奖。近三年来，又被甘肃省教育厅确定为德育教育示范点、甘肃省标准化心理健康咨询室、兰州市和谐校园、兰州市廉政文化进校园示范校、兰州市阳光体育示范校、兰州市艺术教育示范校、兰州市学校文化建设示范校、兰州市学校品质提升试点学校，兰州市二十所红古区唯一一所现代化学校建设创建单位。

兰州市第十八中学是一所区属全日制高级中学。学校坐落于群山环抱、"马门溪龙"恐龙化石的故乡——红古区海石湾镇，学校地处甘肃、青海两省交界处，是政治、经济和文化中心区域内办学条件最好的学校。应该说具备天时地利人和的最佳环境，从风水学角度看，也是物华天宝、人杰地灵的圣地。学校办学历史悠久，学校创建于1995年，2001年被兰州市人民政府命名为市级示范性高中。学校积累了丰厚的文化底蕴和办学经验。具有较强的"品牌"效应。学校教师整体素质强劲提升，建立起一支师德高尚、业务精良、教风严谨的师资队伍，为实现学校可持续发展提供了最宝贵的人力资源。建校十多年来，师资队伍不断优化，办学规模不断扩大。2008年、2010年先后整合接收了窑街煤电四中、兰州七十中高中部。161名教职工中，专职教师152名，其中研究生学历6人，本科学历129人；高级教师52人，占34.4%；一级教师79人，占52%；工勤人员9人；甘肃省园丁奖获得者2人，省级优秀教育工作者1人，省级骨干教师3人，省级教学能手2人；市级骨干教师21人，市级教学能手1人，市级优秀教师4人；区级骨干教师33人。现有31个教学班，1600余名学生。学校硬件设施完备，有标准化校园网络系统，千兆光纤接入。教学管理实现系统化、数据化，学生素质评价实现电算化。拥有先进的监控系统，拥有全套学科教学与学习资源体系。实现高标准体育场馆资源共享。二十余年来，经费投入不断增加，办学条件不断改善。

问题与策略

一、内涵发展理念尚需深化

我校虽然是办学水平较高，办学质量突出的实验中学，但在办学理念、管理方法、教学方法、服务水平等方面与教育理想要求尚有一定差距。学校在今后的发展过程中，首先要在保持规模发展的基础上，全面贯彻实施发展性教育思想，进一步探索学校内涵发展理论和模式，形成明确的幸福教育办学理想和办学追求。其次是名牌品牌大牌教师匮乏。学校未来发展既需要大楼，更需要大师。虽然我校师资队伍整体实力较强，但同时也面临资深名师数量不足、青年教师成长较慢、教育理论储备不够和整体文化素养有待提高的挑战，职业倦怠引发的心理问题也比较突出。同时，教师培训内容和形式创新不够，针对性和实效性不强等原因，使得学校师资的团体优势没有完全发挥出来。如何培养一批在全省全国有影响力的品牌教师，成为学校发展必须破解的突出问题。

二、教育教学管理还需加强

现代社会发展对中学教育提出了新的要求，学校管理必须以科学发展观为指导，尊重教育发展规律，符合基础教育课程改革精神，体现以人为本、促进人的全面发展原则。与此相比，我们在管理方面还存在很多不足。重点表现在管理制度和管理机制需要创新，课程评价与课程管系上需要完善，管理者需要加强培训，管理方法需要改革。

三、学校整体建设需要完善

我校硬件和软件环境现在已属一流，但生均拥有量还不能很好地满足教育教学需求。校园文化（融以至高）建设有待进一步提高，实验室、图书馆、阅览室的学习资源还不能满足全体学生阅读和学习需要，学科资源还需要进一步丰富，体育设施、卫生设施还需要提高质量。生源结构需进一步优化，教育市场的无序竞争尽管空前残酷，但是学校的吸引力最终要靠学校文化，即校风、教风、学风等学校精神的力量。教育科研弱化，这种隐性的看不见摸不着的科研文化氛围的淡薄已经成为学校发展的瓶颈。因此，学校必须创建具有浓厚学术氛围的科研文化，树立教育科研先行意识、全员意识、实践意识和特色意识，充分认识到课堂教学质量提高的背后是教育科研的效益。

于是，笔者提出了以下几个方面的改革措施：

（1）全面改组学校内设机构。教导处、政教处、教研室等二级单位要与市场经济要求相适应，要与时俱进。

（2）成立以学科带头人为引领的集教学与研究为一体的部门，成立学术报告厅，定期举行学术报告会；加强学科组特色建设，创建国内省内知名的教研室。积极承担国家和省市重点课题。完善教育科研管理。继续实施科研课程招标制，引入教育测量与统计，加强科研课题运行的科学性，加强国家、省市和校本课题的管理，进一步完善教育科研成果认定制。

（3）我校教师大部分还是事务型教师，要变革为专家型、学者型教师；唤醒教师的专业自觉和自信，跨越教师发展高原期；以新课程改革为引领，组建青年教师研究院，促进中青年教师专业发展的实践研究。

（4）打破同质化的千人一面的课堂教学，教师要形成个性化教学风格；加强教师个人教学研究，提升科研能力。全面推进优效教学实践模式的研究，研究优效教学过程、优效教学方法、优效教学材料、优效教学手段、优效的教学评价和管理。

（5）遵循教育产业化思想经营学校，打破常规，依照教育规律和市场经济规律研究学校的运营与管理，即经营学校，实现以学校发展为核心的社会资源的重组；学校与时俱进，大胆借鉴中外企业的先进管理理念，创造性地践行"教育是服务"的教育思想。

（6）遵循市场经济规律，建构多元化办学格局，探索适合学生发展的个性化人才培养模式，改变工业化社会的批量化教学模式。

（7）走进理想学校教育之道，要实现管理思想和管理模式的历史跨越，建立尊重人性的学校文化管理模式，实施精神引领，建立共同愿景，培育积极的主流价值观。坚持以人为本，尊重学术个性，发挥教师的主体性。同时，学校倡导尊重的教育、欣赏的教育，促进学生自主发展。探索扁平化管理创新，逐步实现后勤管理的社会化。

（8）建立动态的科研管理运行机制，建构教育科研管理的组织模式，实现教育科研的规范化、科学化和现代化，使教育科研成为学校可持续发展的不竭动力；创办学校教育教研杂志，杂志设有"校长论坛""教学管理""班主任兵法""教学争鸣"等栏目，为教师提供教学研讨和教学争鸣的阵地。进一步提高教师的科研能力。通过群体带动、机制激励、专业培训，进一步提高教师的科研能力和水平，使教师人人能科研，个个有课题。学校要把科研能力和成果作为教师评价的一项重要指标。

（9）加大校本课程开发力度，构建适应未来社会发展需要和体现时代特色的课程体系。

（10）适应21世纪信息高速公路的要求，建立网校，架起学校、教师、学生、家长、社区等多渠道的立体化信息网络；开辟教育科研的新阵地，实现教师学历与"学力"的统一。

（11）加强校史研究，挖掘传统教育资源，树立品牌优势；新教师必须进行入职培训，增强对学校文化的认同感和归属感。

（12）加强学生主流价值观教育，发挥学生"麦克风"的宣传作用；成立学校电视台、广播站、文学社团、计算机协会、书画协会等，这些组织要成为学校文化建设的生力源和平台。

（13）提升学校的核心竞争力和发展力。教育全球化背景下，国内的教育竞争和国际的教育竞争将日趋激烈，因此要有全球化的教育视野。

（14）确定学校发展战略，寻找学校发展的关键成功因素，制定学校未来发展规划纲要，进一步明确学校近期发展思路和发展指标，紧紧围绕办学特色和名校建设的核心内容，提出进一步科学发展的思路和举措。规划要特别针对目前学校建设和发展中存在的突出问题，如办学规模扩大、办学体制变化、教师队伍补充、学科建设目标、科研平台建设、优质人才培养等，要制定切实可行的工作目标和举措。

（15）建设特色的学校文化，学校坚持"融以至高"的文化功能定位，切实发挥知名重点中学和示范性高中的引领作用，充分开放和辐射优质教育资源，为兰州市甚至甘肃省的基础教育服务。

（16）以人为本，构建和谐的课堂文化。和谐，应该是现代教育的基本特征和价值取向；而课堂是师生共同体验生命历程的场所，教师生命中的大多数时间和精力，都是为课堂而付出的，课堂教学中教师和学生都是活生生的生命个体。如何提高师生的生命质量，让课堂充满情趣，充满智慧，充满生命的活力和诗意；如何构建理想课堂，构建新的课堂文化，是我们应该执着追求的。

（17）加大高三及各级各类竞赛建设力度，创建品牌上水平。学校教育教学工作的改革与发展都必须从素质教育理念出发，积极探索素质教育的实践模式，处理好学生全面素质的提高和高考升学评价的关系，努力塑造"理想远大、知行合一、善于创造、全面发展、个性优长"的创新型人才。高三教学一直是学校品牌的生命线。在已经取得的成绩的基础上，不断总结有益的管理经验，做精做细，规范模拟命题、考试，加强高考中考方向的研究。尝试有益的管理体制改革，学习兄弟学校先进的管理经验，努力促进中高考成绩不断迈上新台阶。

（18）建立重点大学的生源基地学校，加强与重点大学的联系，做好升入大学学生生源的信息调研和统计工作，互通有无，为进一步提升高三毕业生的综合素质做好铺垫。

（19）学校教育工作目标是深入探索以学生自主教育、自主发展、自主管理为核心的主体性德育模式和个性化教育模式，努力塑造理想远大、知行合一、善于创造、全面发展、个性优长的创新型人才。深入探索个性化教育模式。实行个性化评价；促进个性化发展。深入探索主体性德育模式。创新学生自主教育的形式；增加学生自主管理的深度；完善主体性德育的内容；发挥课堂教学在德育中主课堂、主阵地、主渠道作用；推广主体性德育成果。深入开展主体性心理健康教育实验研究。加强教师的心理健康教育；切实开展学生心理健康教育；完善心理健康教育的辅助设施。

（20）加强学术交流活动。巩固友谊学校关系，积极推进教师交流互访，邀请名校来访，承办高质量的大型学术研讨会；积极推进学生学习交流，有计划地组织各类冬令营、夏令营等活动。

（21）以"融以至高"文化为引领，加强校园文化建设，促进文化软实力建设上水平。①校园文化建设。大力推进以"积极向上的政治生活，高尚健康的精神生活，丰富高雅的文化生活，理解尊重的情感生活，紧张有序的学习生活"为内容的校园文化建设，积极推进学校的物质文化、环境文化、个性化的班级文化、丰富多彩的社团文化建设，营建良好校风，形成独特校园精神。引导学生参与学校校园文化建设，使学生成为校园文化建设的主体。②教学文化建设。建构具有平等、民主、和谐的课堂新氛围，具有倾听、合作、交流的课堂新规范，具有开放、有序、活跃的课堂新秩序的理想课堂文化。把社会引入课堂，让课堂走向社会。建构信息多元、结构延伸、课内与课外相衔接、知识与实践相结合的开放的课堂文化。③制度文化建设。创建教学全面质量管理体系，创新学生自主管理和自主教育制度，实行学生主体性综合评价制度，创建教师发展性评价制度。力求使学校制度简约高效，更加人性化，更具激励功能，最终能促进员工的自主发展。

（22）进一步发扬改革创新精神，推动党的建设上水平。①深入落实和实践"科学发展观"，充分发挥基层党组织作用。发挥党员的先锋模范作用，保持和弘扬共产党员的先进性。努力提高党员的业务水平、思想境界，以带动全体教职员工在各自岗位上为实现规划目标努力奋斗。②加大党内监督，推进党内民主。切实坚持依法治校。学校要依法办事，按章办事，规范办学行为，进一步增强全体员工的法律意识。学校领导要依法治校，教师要依法执教。③切实坚持民主决策。切实发挥教师代表大会在学校民主管理中的作用。认真履行校工会和教代会的职能，保证教职工对学校发展的知情权、参与权和监督权。学校要注意发挥学校各民主党派的积极作用，为学校发展建言献策。切实坚持专家治教。积极发挥专家委员会在教育决策、教师提高、教师评价、职称聘任等工作中的重要作用，做到专家治教。聘请上级部门领导及知名专家，共同组成学校发展顾问委员会，为学校发展发挥咨询顾问作用。

在全校师生广泛共识的基础上，学校正努力建设一个人心舒畅、人气旺盛、人力凝聚、人才汇集、社会认同、人民满意的和谐实验园；努力建设一所配置精良、管理精细、文化精深、教学精湛、育人精心的精品学校；努力建设一所品牌有功效、投入有收效、管理有绩效、教育有成效、发展效益显著、社会效益突出的效益学校；全力探索在教育、教学、管理等办学各方面具有超前理念、先进做法、系统经验，能够发挥示范和辐射功能的现代学校整体发展范式。通过全体员工的不懈努力，热情奉献，大胆创造，最终使学校发展成为省内外知名的"幸福"学校。

管理民主化——领导之创新

管理与民主

　　什么是管理？从词义上看，管理通常被解释为主持或负责某项工作。人们在日常生活中对管理的理解是这样，平常人们也是在这个意义上去应用管理这个词的。但自从管理进入人类的观念形态以来，几乎每一个从人类的共同劳动中思考管理问题的人，都会对管理现象做出一番描述和概括，并且顽固地维护这种描述和概括的正确性甚至唯一性，人类从来就不曾取得对于管理定义的一致理解。由于管理概念本身具有多义性，它不仅有广义和狭义的区分，而且还因时代、社会制度和专业的不同，产生不同的解释和理解。随着生产方式社会化程度的提高和人类认识领域的拓展，人们对管理现象的认识和理解的差别还会更为明显。长期以来，许多中外学者从不同的研究角度出发，对管理做出了不同的解释，然而，不同学者在研究管理时出发点不同，因此，他们对管理一词所下的定义也就不同。直到目前为止，管理还没有一个统一的定义。特别是21世纪以来，各种不同的管理学派，由于理论观点的不同，对管理概念的解释更是众说纷纭。被誉为"现代科学管理之父"的泰勒说："管理就是确切地知道你要别人去干什么，并使他用最好的方法去干。"泰勒认为，管理是所有的人类组织（不论是家庭、企业或政府）都有的一种活动，这种活动由五项要素组成：计划、组织、指挥、协调和控制。管理就是实行计划、组织、指挥、协调和控制。

当然，关于管理的定义有很多说法。其中一种是："管理是单位追求生存的一切活动。单位通过调整内部以适应外部变化，以确保单位能完成它的外部使命的过程；并使单位及构成单位的各个单元在这一过程中得到发展和延续。"另一种说法是："管原意为细长而中空之物，其四周被堵塞，中央可通达。使之闭塞为堵；使之通畅为疏。管，就表示有堵有疏，疏堵结合。所以，管既包含疏通、引导、促进、肯定、打开之意，又包含限制、规避、约束、否定、闭合之意。理，本义为顺玉之纹而剖析；代表事物的道理、发展的规律，包含合理、理顺的意思。管理犹如治水，疏堵结合、顺应规律而已。所以，管理就是合理地疏与堵的思维与行为。""疏与堵"的运用也可以理解为"有所不为，才能有所为"。据以上内容分析管理的定义：是管理主体在顺应事物发展道理的前提下，追求生存的一切活动。从字面上理解，就是按理去管，方能生存。管理是生死存亡之道，是决定生死存亡的方法路径。

在此基础上将管理的定义完善一下就是：管理主体在顺应事物发展客观规律的前提下，追求健康生存质量的一切活动。同样，从字面理解，就是按理去管人，方能生存好。此时，管理就是追求人民生活水平的提高，实现健康富裕的通途。管理就是追求更好的生存与发展的一门学科；管理学换个名字完全可以称作"生存学"，可以是个人生活、集体发展、国家强大的生存学科。

管理当中的"管"，就是运用、应用，就是执行，就是实践；就是采取措施，就是一切活动的过程。分析这个"理"，肯定是管理主体自认为正确的理。也就是说，这个理本应是事物发展的客观规律，但实际情况是，这个理论受到了管理主体认识客观规律的局限性的束缚，完全取决于人类社会对客观规律的认知程度。理是客观规律，虽有人类认识局限性，但范围已经扩大到所有学科的研究成果当中。这个理首先起源于生物学亲情关系，由此进行了人类伦理情感道德方面的一致认同和约束。这个理小到尊老爱幼、礼尚往来、亲情友情、七情六欲、道德良心……大到规章制度、法律法规，更是人们心中的一杆秤。每个人心中的这杆秤取决于个人生活习性、环境影响、受教育程度、人生经历、文化认知，虽有差别也有统一，统一的认同点写出来，很好地总结出来、体现出来、确定出来，这个理就变成了标准制度，标准制度提升了高度和严肃性作为准绳就变成了法。才有了《婚姻法》《民法》《国际法》等等。"理"这个客观规律有的写成了物理定律，有的写成了数学公式，有的写成了化学方程式，还有的写成了记录契约、条款、章程、文化、制度、法律……形式虽不一，终究是规律。纵有局限性，研习可突破。真理，就是被无数的实践证明了的客观事物的发展规律。管的一切过程是运用理的过程，就是道理在实践中的进化过程，两者关系简言之就是：通过管找到了理，通过理正确地去管，通过管理实现美好生活。人是主观，物是客观。不能让客观的物替主观的人承担管理责任。管理的一切活动都是人类思想支配下的行为活动。所以，分析管理的对象必须是人；可以是一个人，可以是一群人，可以是一个单位的人，可以是一个国家的人……管理的主客体都是管理的对象，这个世上没有不受约束的人，也没有绝对的自由。

　　管理伴随着个体和群体的思想存在而永远存在，是思想活动的产物，支配着人类活动永远存在，不会消失，只会转化。所以，在管理的过程中，主客体是同时产生、同时发展、同时转化的。有继承交接的上下级关系，有生死与共的平级关系，有殊死搏斗的征服关系……人类的所有关系都属于管理主客体关系；实质上，单纯的主客体之间的关系是简单的生产的关系；所有管理主客体之间的关系构成了人类社会的生产关系的总和。这也符合管理的定义，按理去管人，发展生产关系，解放生产力，方能生存好。符合客观规律的主客体关系是符合人性的，是人性所能接受的，是以人为本的生产关系，是人类社会制度的发展证明了的。从奴隶社会制度生产关系进化到封建社会制度生产关系，再进化到具有中国特色的社会主义制度生产关系，生产关系解放生产力的结果，也都是管理者探索客观规律并加以运用的结果。最大的管理过程就是真理（真理就是客观规律）在人类曲折式发展、螺旋式上升的实践中被人类不断总结出来并运用的过程，真理在管理过程当中是被实践证明了的。管理学运用生物学、哲学、数学、物理学、化学等其他学科为基础工具，分析、运算、执行、探索出正确结果，调整主客体间责、权、利关系，发展生产关系，解放生产力。可见，主客体关系在管理过程中是承前启后的。世人都渴望美好生活，没人会心甘情愿受伤害，但管理水平低，自然就会受伤害：本来都是自尊自爱的，都想趋利避害，都想健康发展壮大，但管理失败的例子随处可见。所以，真正研究管理学一定要能够解释客观事物从生发到壮大的成因，也要能够解释客观事物从萎缩到转化的成因。小到个人，大到集体和国家，管理学如影随形，始终相伴。管理学虽包括了人间万象，然而归于一点就是，管理要为善，而不能管理不善。不为善的思想不能称其为公认的"理"；为善的理论能生存，为害的理论必将被铲除；行善者的管理才能生存，为害者的管理必将被铲除。管理本身不是为了害人，是为了挽救人的，是医者仁心；朋友间的管理关系也是正当利益的维护关系，而不是拉朋友下水的。害人的管理方式有：胡吃海喝等是害己，违背修身管理需要；坑蒙拐骗等是害人，违背社会安全环境管理需要；非正义的战争会害了民族和国家，违背大范围的群体生命安全管理需要。可以说，战争是管理主客体双方为了占有对方利益或为了维护己方利益而采取的最激烈的管理形式。通过战争平衡利益，制止战争也是为了彼此更好地生存。世上最惨烈的管理手段就是战争，虽然战争能重新确认管理的主客体关系，但是战争依然受控于个体心性向善的生存理念。所以，管理者一定要清楚：只有管理为善，才能满足人类正确的需求，才能实现管理的生存意义。

人从出生到学会世间的道理，需要漫长的过程，掌握的程度也不一样。所以，管理难就难在正确客观规律的传承上了，有的客观规律祖先早就说了，可我们还在犯错误。每个人都是个体，都是管理当中的元素。个体如何继承前人管理成果并运用，最终形成的个体综合管理能力是各不相同的，实际上也极难评估个体管理能力。这个"个体的差异性"，决定了实施管理的复杂性。管理过程中客观存在的个体差异性是永远不能消除的，所以需要先进个体永远管理落后个体向前发展；这就促成了管理的层级结构：分析决策层、目标执行层与价值创造层。无论如何分层，运用何种管理模式，都存在共性的上下级关系或者上中下级关系。这些关系本该顺理成章地由个体遵守执行，但是个体的差异性破坏了良好的生产关系，成了管理的难点，同时也是管理的出发点和落脚点，更是管理永恒存在的意义。解决个体差异性，必要时执行管理淘汰手段。这个道理虽然很简单，实际运用却难上加难。因为个体差异性有很多是隐藏在群体当中的，不是显性的，你发现不了，也就管理不了；一旦你发现了，很有可能已经形成破坏力了；还有的个体进行高智商犯罪，用"鱼钩"钓上级手中的权力，胁迫上级为个体服务，破坏管理主体思想行为，达到个体目的。这就造成很多单位的管理失败，但作为管理主体的管理者还浑然不知。说明身为管理主体的管理者不具备识别管理主客体当中个体隐性破坏力的能力，还有的反被个体隐性破坏力所利用。此时，也证明了管理主体自身的个体修养不够强大，导致整体管理关系混乱，生产力低下，单位集体的生存受到威胁。这个具有隐性破坏力的个体最终分解到以个人为单位的时候，我们得出结论，这个人的思想和行为一定不符合客观规律，他本人对客观规律没有正确的认识和理解。这个正确的客观规律就是人间正道。所以，管理学的研究成果应用在一个人身上，要有一个最终结论，莫过于一句，人间正道是沧桑，此为个人管理学的最高境界；集体管理学呢，也同样要走人间正道哇！你若走正道，人心必归之。此时此刻，真想说："一切原本很简单，只是当初的我们不知道其中的奥妙！"

生存的奥妙和管理的奥妙是一样的，就是地球上的人类只有都走正道，才能共同生存，才能和谐发展，才能没有恐怖，才能没有伤害，才能没有战争，环球才能同此凉热。管理学是人类为了更好地生存下去的一门科学，自然以所有学科为基础工具，用来解析人间生物的生存万象和万千方法与观点，解决世间的一切烦恼和纷争；反之，对于不走正道的客体，就要运用管理的一切手段，直至形成新的管理主客体良好关系为止。

那么，什么是民主呢？从词义上看，通常被解释为人民所享有的参与国事或对国事自由发表意见的权利。

闲暇之余，翻阅了些书籍和论述，对民主的理解大致有以下几个方面：

首先是平等精神。平等不等于民主，但没有平等绝对没有民主。1776年7月4日发表的美国《独立宣言》庄严宣告："我们认为下述真理是不言而喻的：人人生而平等，造物主赋予他们若干不可让与的权利，其中包括生存权、自由权和追求幸福的权利。"1948年12月10日，联合国大会通过的《世界人权宣言》第一条明确昭示："人人生而自由，在尊严和权利上一律平等。"这里的"平等"指的是人与人之间生命价值的平等、思想尊严的平等、社会机遇的平等和政治权利的平等。虽然由于种种原因，现在人与人之间存在着许多事实上的不平等，但是，这些事实上的不平等不应该成为人类放弃平等追求的理由。每个人的出生背景、智力水平、学历程度、经济状况、社会分工等都不可能完全一样，但在人格上是绝对平等的。刘少奇曾握着淘粪工人时传祥的手说："你当清洁工是人民的勤务员，我当主席也是人民的勤务员。"刘少奇这句话绝对是正确的。无论你是国家主席，还是淘粪工人，都没有高低之分，没有等级之别，都拥有均等的机会和相同的政治权利，生命和尊严更是等值的。在平等的所有含义中，核心是权利的平等。如柏克所言：平等的含义是"人人享有平等的权利，而不是平等的东西"。当这种平等观同民主制度相融合时，便体现为法律面前人人平等。正是在这个意义上，我们说，民主精神首先是一种平等精神。

其次是自由精神。民主所蕴含的自由精神之"自由"，不是认识论意义上的自由，而是作为社会权利的自由。自由是人类自古以来所追求的理想目标，因为追求自由是人类的天性。自由的本质在于人的内在超越性：人对物的超越和"我"对"非我"的超越。前一个超越表明人对摆脱物的奴役和压迫的追求，后一个超越表明人力图摆脱群体、社会、共性对个人、我、个性的压迫和奴役。自由观念的产生过程正是人一步步实现超越的过程，其标志乃是自我意识、主体意识的产生。需要特别指出的是，"自由"并非资产阶级的专利。在著名的《共产党宣言》中，马克思、恩格斯便把"自由"二字写在了共产主义的旗帜上。在马克思看来，共产主义是"以每个人的全面而自由的发展为基本原则的社会形式"[①]，"是一个以各个人自由发展为一切人自由发展的条件的联合体"[②]。当然，马克思主义所希望达到的自由，首先是实现无产阶级的解放，从根本上铲除一切形式的奴役和统治，以及它们的基础。马克思主义的自由观主张每一个人都得到解放，社会本身才能得到解放；每一个人都得到自

---

① 《资本论》第一卷，见《马克思恩格斯全集》第23卷，第649页。

② 《共产党宣言》，见《马克思恩格斯全集》第4卷，第491页。

由，才能达到社会自由。这里所说的"自由"，当然不是为所欲为。马克思说："自由就是从事一切对别人没有害处的活动权利。每个人所能进行的对别人没有害处的活动界限是由法律规定的，正像地界是由界标确定的一样。"①法国启蒙思想家孟德斯鸠也说过："自由是做法律所许可的一切事情的权利，如果一个公民能够做法律所禁止的事情，他就不再有自由了，因为其他的人也同样有这个权利。"②因此，民主精神所蕴含的自由，是理性的自由。应该承认，中国是一个在社会生活的历史上缺乏自由传统的国家，20世纪初的五四运动，真正吹进了自由之风。所谓五四精神的核心，其实就是自由，自由是现代精神的核心与灵魂，无论"民主"还是"科学"，都离不开自由。五四新文化运动高扬科学与民主，是为了民族国家的复兴与腾飞，而没有自由作为基础和前提，就没有科学和民主，科学和民主都不过是现代人类自由意志的工具而已。正是在这个意义上说，自由是民主的起点，也是民主的终点；民主是自由的体现，也是自由的工具。

再次是法治精神。民主是"多数人的统治"，而这"多数人的统治"则是通过法律制度来运行的，因此从这个意义上说，没有法治也就谈不上真正的民主。人们常说的"民主与法治是一个硬币的两面"，也就是这个道理。这里有必要区别"法制"与"法治"这个词。"法制"与"法治"，内涵与外延是有区别的。"法制"静态意义上指法律和制度，动态意义上指立法、执法、司法、守法、对法律实施的监督等各个环节构成的一个系统。"法治"强调的是通过法律对国家和社会事务的管理，代表理性、效率、文明、民主和秩序，是与"人治"对立的。在英文里，"法制"是rule by law，意思是用法律来统治，而"法治"是rule of law，其意是法律的统治。说起"法制"，在中国可谓历史悠久，在"法制"的传统中，帝王是不归法律管的，而且"刑不上大夫"，虽然"法治"与"法制"只一字之别，却是最关键原则的差别，那

---

① 《马克思恩格斯全集》第1卷，第438页。

② 孟德斯鸠《论法的精神》上册，第154页。

就是法治国家不允许有任何一个人处于法律之上或者处于法律之外。我们之所以认为中国封建时代没有真正的民主，正是因为古代君王的所谓"民主"，不过是体现为"虚心纳谏""集思广益"等开明的作风。尽管就"法治"这个词而言，中国古代就有了，但这里"法治"的内涵是以严刑酷法威慑百姓。其基础是皇权至上，皇帝的语言就是法律，而这"法律"的用处是治吏、治民，当然不包括皇帝自己。而现代法治的主体是人民，客体是国家行政事务和社会行为，内涵是依法办事和法律面前人人平等。其基础是法律至上，司法独立，维护公民自由和平等，保障公民的基本人权。因此，对民主的真伪首先要用法治的尺度来衡量，即指导国家机关活动和政治社会生活的不是统治者个人专断意志，而是对一切人均有同等约束力的法律。法治的基本原则是"法律至上"和"法律面前人人平等"，这也应该是法治精神的核心所在。"法律至上"意味着不允许存在超然于法律之上的、专断的权力，意味着任何人不得因除违反法律外的行为受到法律的惩罚。是否遵循"法治至上"原则，是受法律约束的政府与专横政府的界限所在。在实行法治的地方，政府就不能随心所欲，为所欲为。从这个意义上说，法治首先是对政府的约束；而公民自觉地依法监督行政者正是体现了真正的法治精神。"法律面前人人平等"，即意味着法律必须平等地对待每一位公民，每一位公民都有服从法律的平等义务。同时，每一位公民都应该享受法律所赋予的权利，如果这种权利被侵犯，则应勇敢地运用法律来捍卫自己的权利！

另外，还有宽容精神。伏尔泰有句名言："我坚决不同意你的观点，但我誓死捍卫你表达自己观点的权利。"这就是真正的民主所蕴含的宽容精神。宽容，也就是允许别人跟自己不一样——不一样的思想，不一样的个性，不一样的生活方式，等等。人们都知道民主的原则是"少数服从多数"——即"多数法则"，但现代自由民主同时也强调"多数尊重少数"的原则。前者指的是在决策时应以多数人的意见为准，后者指的是即使少数人的意见没有被采纳也应允许其存在。如果你自己怎么想别人就必须这样想，你自己怎么做别人就必须这样做，那么这样民主离专制已经不远了。宽容精神的核心是思想宽容。马克思曾抨击普鲁士的书报检查令："每一滴露水在太阳照耀下都闪烁着无穷无尽的色彩。但是精神的太阳，无论它照耀着多少个体，无论它照耀着什么事物，却只准产生一种色彩，就是官方的色彩！"①宽容精神使人们懂得，思想自由是每个人的权利，强求思想言论的统一是对基本人权的践踏。宽容意味着进步，它使每个人都精神焕发充满创造力，使整个社会充满生机和活力；而不宽容则窒息学术、摧残文化、毒化精神。

我们呼唤学术民主、精神自由，同时也就是呼唤宽容精神，因为容忍"不同"正是学术民主、精神自由的具体表现。思想的进步正孕育于"不同"，而"舆论一律"只能让思想的绿野变成思想的荒漠！和声构成交响，我们的耳畔因此而天籁和谐；斑斓组合丰富，我们的眼前因此而五彩缤纷！除了思想宽容，还有对一切"不同"行为的宽容。民主社会人们所遵循的行为准则的底线是不妨碍他人，或者说就是对法律的遵守。任何人都有权选择自己的生活方式。只要不妨碍别人，只要没有违反法律，任何人的行为都不应被压制。如果仅仅因为"见不惯"，便企图消灭任何"标新立异"，这样的社会是令人窒息的。

人们的精神世界不可能完全相同，人们对社会的看法也不可能完全一致，但世界的进步、国家的发展又必须有相对统一的意志。怎么办？如果各人都按自己的利益行事，而不管别人的利益，这当然是专制而非民主。因为专制社会一切都用"拳头"说话，以"吃掉"对方换取自己的"胜利"。而民主要求在出现不同利益和意见的时候，通过对话达成共识。对话的过程就是妥协的过程。"妥协"意味着大家彼此尊重、彼此承认、彼此敬畏、彼此平等。人们常常以《美国宪法》来诠释民主的妥协。作为国家根本大法，美国宪法不可能对社会生活各个方面做出具体而微的规定，但它又必须适时调节社会各个利益集团的矛盾，因而其制定之初，"国父们"绝不是要"创造出一部十全十美、正义民主的、能流芳百世让后人和他人景仰的政治体制，而是为了寻求一种现实的、有效的、能够及时挽救正在走向失败边缘的美利坚联邦的政治途径"，

---

① 马克思：《评普鲁士最近的书报检查令》。

本着这一目的，在联邦宪法的制定过程中就必然要考虑到社会各个集团的利益，各个州或利益集团的代表在制宪会议上讨价还价，最后妥协而成联邦宪法。所以，美国宪法的意义，更重要的是形成的一种妥协精神，这种妥协精神对于保证社会的稳定性是至关重要的。随着历史发展和社会进步，必然出现一些与"国父们"制定宪法时迥然不同的社会条件，在新的社会条件下，宪法是否仍能调节新生社会利益集团的矛盾，这对宪法的生命力是极大的考验。而美国宪法正是具有了这种"谈判"与妥协精神，才能不断适应新的形势，从而成为一部历经200多年沧桑而仍然"活着的宪法"。

因此，民主精神也是妥协精神。当今世界，尽管还有局部战争，但主流是对话、是谈判、是沟通—— 一句话，是妥协。在全球化的时代，"共识"和"双赢"成了最流行的词。妥协对各方来说，都是各有所得，也各有所失，总体利益最大就行了。大家坐下来，各自阐述自己的意见，可以旗帜鲜明地亮出自己的观点，双方也可以争论，但同时要倾听和吸纳对手的意见，最后在有所坚持的同时还得有所放弃，所谓"求同存异"。这里的"同"便是"共识"。妥协意味着在争取自己利益的同时，还必须正视他人的利益。同样有所坚持又有所让步，最终大家各占一块，即"双赢"。可以说，没有妥协就没有民主。

管理之案例

关于管理，我的做法首先是锐意进取，大胆改革，开创学校发展新局面。作为校长，在我的心里有一本经：那就是当一所学校的领导，就要有所作为。由此，在我的领导主持下，在原有工作基础上做了八项创新和改进：

（1）改四十分钟教学为四十五分钟教学，相对提高了科目Ⅱ时间，注重了学生的全面发展，做实课堂教学。

（2）将年级管理者纳入学校中层管理，实行处室纵向管理、年级部横向管理的模式，使学校管理更趋规范化。

（3）规范学生到校及离校时间，安全工作得到进一步保障；改进、做实了教师安全巡逻小组工作。

（4）改进学校表彰奖励评选办法，调动了教职工积极性。

（5）改进阶段性测评工作，重点落在分析质量发现问题。

（6）开创"同课异构"教育教研活动，促进了教育教学。

（7）注重环境育人，对楼道、教室、校园等做了大量有教育意义的亮化、美化工作。

（8）注重学校制度建设，重新修订了《教职工年终考核办法》等六项制度，新制定了《班级考核办法》等五项制度。

一、更新观念，创新理念，提升学校发展新层次

自从提出要"注重学校内涵发展，提升学校办学品位"，在兰州市第十七中学我提出了"阳春·三品"管理理念，在兰州市第十八中学我又提出了"幸福教育"的理念。

二、科学规划，勇于进取，激活学校发展内动力

一所学校怎样发展，发展什么，作为学校的"一把手"，应该有全面的规划。我提出了"和谐校园建设""绿色校园建设""书香校园建设""高效课堂建设"四大建设构想，组织书写了四大建设具体实施方案，带领全校教职工从这四个建设抓起，有目标、有内容、有措施，使学校有步骤地跨入了蓬勃发展新时期。

三、身先士卒，以校为家的学校车辕马

作为校长，我是指挥者，在校内也是一名身先士卒身体力行的干将，是学校的车辕马。只要不出差，我是最早到校的。虽是校长，工作繁忙，但值班工作以身作则，遇到开会出差，主动倒班，令教职工尊敬。春天植树，不怕

脏，不怕累，不做样子，脸上汗加土，简直像个农民工。

四、廉洁奉公，工作务实的党的好干部

"清清白白做人，踏踏实实做事！"这是我常说的一句话。我虽是校长，但从不搞特殊。有事共议，民主决策，绝不搞"一言堂"，绝不独断专行。个人行事低调，从不张扬，学校几次的全区教育质量会经验交流材料中，凡是突出我个人的地方全部修改或删去。我说："工作是集体干的，不是我个人干的。"近几年，凡是省、市下来的各种个人奖励、荣誉，学校校务委员会都推举我，但我坚辞不受，把荣誉评选给了其他同志，让班子成员备感敬佩。

五、团结友爱，关心教职工的贴心人

首先，我关心教职工生活。平时只要有教职工生病住院，我都要协同有关部门负责人及时地慰问看望，让教职工都能感受到学校的温暖。想办法安排每年一次的全校教职工健康体检，保障教职工的身体健康，深受教职工赞誉。其次，关心教职工的工作。我认为，对教师的工作，关心是基础，指导是核心，处罚是形式，教育是目的。我说，我宁愿老师尊敬我，也不愿老师害怕我。"作为一名校长，我感激学校的老师，没有他们勤奋的工作，就没有十七中的一切。"这就我的群众观。

管理之策略

那么学校的管理如何才能做到管理民主化呢？教书育人是学校的根本任务，依靠广大教师从教书育人出发实行管理是学校管理的根本特征，实现学校管理民主化，是教育体制改革的一个重大课题，是学校管理现代化的重要组成部分，是保证全体教工行使当家做主的民主权利，是调动教职工积极性、办好

学校的关键。实行校长负责制以后，校长权力的扩大，不等于教职工民主权利的缩小。实行校长负责制必须提倡民主集中制，必须处理好党政工三者之间的关系，充分发挥党组织的政治核心作用和保证监督作用，充分发挥教职工的参与管理和民主监督作用，只有这样才能保证校长负责制具有坚实的群众基础。校长必须增强民主意识，发扬民主作风。列宁指出："群众有权了解和参与他们活动的每一个细节。"现代管理的基本手段是在高度民主的基础上实现现代领导方式的科学化，提高集体组织的集体效应，鼓励民主参与、民主监督，实行民主管理，是管理的国际性潮流。

增强民主意识，必须树立三大观点：

第一，树立人人参与管理的观点。校长应合理分权，建立多维组织机构。市场经济要求做到集权与分权相结合，灵活运用，宏观上管住，微观上搞活。事实上权变因素很多，校长要因地制宜，善于分权授权，不断提高对下属的信任度，充分调动他们的积极性。

第二，树立教师主体的思想。深化改革，办好学校要集思广益，教师是直接的实践者，最有发言权，把教师作为主体，校长权力的集中才有坚实的基础，威望才能在群众中自然形成。

第三，树立民主制度化观点。领导者的民主意识，需要通过建立相应的监督、制约机制得以实施。深化学校内部管理和运行机制改革，集思广益，充分论证决策是否科学，方案是否可行。并由教代会审批通过，实行民主监督。

增强民主意识的关键是对人的尊重。尊重是相互的，尊重教师就是尊重自己。尊重要做到：要用辩证的、历史的、发展的观点对待教师，看到每位教师的优点、长处；要扬长避短，用其所长，避其所短，以期达到知人善任；要以诚相待，平等待人；要严以律己，宽以待人；要能倾听各种意见、建议和批评，尤其要耐心倾听反对意见，正确对待牢骚。毛主席说过："让人说话天不会塌下来。"抑制不同意见只能阻塞信息沟通，不利于发现和克服工作中存在的缺点和错误，也容易挫伤教师积极性，长此以往就听不到教师中的不同意见，成为孤家寡人。创设民主氛围的关键是优化学校内部心理环境，其核心是要形成民主、平等、友好、融洽的人际关系。人际关系是人与人之间在一定社会生活条件下，通过交往建立起来的比较稳定的心理关系。学校内部良好的人际关系不仅直接影响着每个人的工作热情和工作效率，而且影响着每个人的成长和发展。在人际关系中，起决定作用的是情感成分。

促进教职工与领导之间的和谐关系，我们可以采取以下几种方法：

（1）发挥教代会的作用，增强教职工的参与意识。学校的规章制度、重大决策，尤其是与教职工切身利益相关的决策，都要由教代会通过，沟通领导与教师的思想，增进"认同感"。

（2）开展创建"教工之家"活动，使教职工在有组织、有领导、有计划的经常性活动中，在日常的工作、学习、生活中，增强集体荣誉感，增进融洽关系。

（3）经常举办各种娱乐活动、竞赛活动，丰富校园文化生活，使教职工在活动中活跃身心，增进思想感情。

（4）利用节假日组织教职工集体旅游，欣赏、领略祖国美好河山，吸收改革开放的新鲜空气，同时让教职工在活动中通过互相关心、互相帮助，增进友谊。

（5）通过"访问"等送温暖活动，增加感情投入。对教职工中的生老病死、天灾人祸及时进行慰问，使教职工感受集体的温馨，增强集体凝聚力。

（6）开展谈心活动，进行思想沟通。根据知识分子自尊心强的特点，注意"表扬用喇叭，批评用电话"，使矛盾、误解、委屈、冲突在轻声细语中消除，在理解体谅中消失。

优化学校内部心理环境，不仅要创设良好的人际关系，还要建立健全必需的规章制度，设立公平合理的，既体现多劳多得、优质优酬，又注意团结协作、比奉献讲风格的劳动工资制度；注意建设优雅舒适、绿化、美化、净化的校园环境；通过联欢活动、家长学校共建活动等营造和谐的人际关系，优化自然、社区心理环境。此外，还要求校长加强民主管理的综合运用。坚持在管理过程中与教师的平等性，为参与管理提供"心理背景"和精神动力；提高民主管理的自觉性，坚持合理分权、各司其职、各负其责；增强民主管理的主动性，深入群众，广开言路；讲究民主管理的艺术性，结合实际，创设情境，把握分寸，充分调动各方积极性；实行校务活动公开性，这是创设参与民主管理氛围的核心问题，公开用人、理财、办学情况，使教职工进入角色，激发教职工维护决策的责任感和执行决策的自觉性；加强自身责任感，严以律己，身先士卒，身体力行，"己所不欲，勿施于人"，持之以恒，使自己的言行尽量贴近实际、贴近教师，为教职工参与民主管理创设持久不衰的民主和谐氛围。民主管理必须贯穿于学校管理活动的各个方面和全过程，使民主管理制度化。学校管理民主化的关键是决策民主化。只有决策民主化，才能使学校管理和各项改革有广泛的群众基础，决策的科学化必须有科学的决策程序和方法。教职工代表大会是实现民主管理的主要形式，要认真建立健全教职工代表大会制度，保证教职工当家做主的民主权利。教代会是教职工参与学校事务、发表议论的最好场所。在这个"群言堂"里，只要校长善于引导，正确对待，就能为校长的集中提供坚实基础。

制度规范化——机制之创新

关于制度

什么是制度？从社会科学的角度来理解，制度泛指以规则或运作模式，规范个体行动的一种社会结构。这些规则蕴含着社会的价值，其运行标志着一个社会的秩序。建制的概念被广泛应用于社会学、政治学及经济学的范畴。

制度是一种人们有目的建构的存在物。建制的存在，都会带有价值判断，进而规范、影响建制内人们的行为。例如，如果我们把选举制度看成建制的话，不同地方的选举制度、规则都有不同，制度主义者便会解释这是不同社会对选举价值观理解不同所造成的结果。倘若一个社会认为应该表达多元声音，重于执政效率等其他价值观的话，那么选举制度便会倾向设定于有利表达多元声音（如代表制），多个党派都能借助此制度得到相应民意支持而被选出。

制度的概念有一个盲点，就是难以解释制度改变的原因。多年来不同学者均尝试加以解释，如社会上规范性价值观的改变、人们的行为互动、历史的因素会导致制度得到改革，可是始终难以充分解释政治现象。其理论思想可谓百花齐放。古典主义认为，以往对于制度的理解只局限于组织而言，可是在现代的社会科学分析框架内，今已指涉社会上一些非组织形式的规则，如宪法等。在20世纪60年代，旧制度主义在学界非常流行，通常被用作分析政府、组织的实际运作，而这种分析是带有价值判断的，学者通过分析，希望找出一个好的制度。可是在60年代末，建制的概念遭到实证论、理性选择论的质疑。新主义强调环境如何影响制度的改变，其理论主要对制度的概念做出以下革新：以往对制度的理解，只限于以组织作为分析单位，新制度主义则以规则作为建制的分析骨干，故此便不限于以组织为单位了；以往分析制度，只局限于实质上的运作程序与规则，新制度主义则更注重建制内非形式因素对个体的影响，如某组织内群众对领袖的崇拜，便是非形式因素之一，强调制度之间的差异性；以往带有价值判断，新制度主义则强调对建制内价值的批判；以往认为制度是独立运作，新制度主义则认为制度间是唇齿相依，如一个政府部门，便受到担当议会角色的建制所监察。有学者认为新制度主义将所有形式与非形式的规则都列为分析框架，导致差不多所有因素都可以被列入这种分析框架内，无法解释现象的显著性。规范性主义认为，制度的形成是规范性价值影响的结果。不同的社会都会有不同的价值，这就会导致制度迥异，而制度亦会随着社会的变迁而变更。理性选择论认为制度的规则，会影响个体如何最大化自己的利益。此派学者认为制度提供的环境，会令个人采取不同的策略以最大化自身的利益，以达成目的为最终手段。个体亦可以为了最大化自身的利益，而促使建制的改变，以求利益最大化的效果。历史主义认为制度的构成是历史的产物，蕴含历史性的权力分配。不同的历史事件，会导致建制的改变。

学校管理制度

就学校管理制度而言，其实涉及五个基本要素：理念、制度、队伍、资源、文化，其中制度是一个十分重要的要素。一般认为，现代制度包括两个层面：政府如何管理学校，即学校的他治（外部制度）；学校如何自我管理，即学校的自治（内部制度）。外部制度和内部制度既有联系又有区别，内部制度对外部制度的影响具有放大和消减的双重作用。制度是学校组织赖以存在和发展的基础。无论社会发展，还是为达到某种目的的社会活动，都必须形成组织。组织是由单个人组成的，人的价值取向具有多元性，利益诉求具有多样性，而社会资源具有稀缺性，因而在组织内部的共同活动和人际交往中常常产生冲突。如何使冲突得以限制，组织协调运转？对此，邓小平同志深思熟虑，他明确提出："少数人靠觉悟，多数人靠政策。"一方面，要加强思想教育，提高人们的思想觉悟，激励组织成员为组织利益而不懈奋斗；另一方面，更重要的是要形成制度。"现代组织要生存和运作，就必须有制度化安排，是制度化的安排使各种行为变得规范和稳定。"

一、制度界定了人的活动范围

人的活动必须有一定的范围、一定的边界，否则会导致社会和组织的混乱。制度作为规则，告诉人们应该做什么，必须做什么，也就告诉了人们不能做什么，禁止做什么。人在所规定的界限内活动，能得到社会、组织和他人的许可、赞赏和鼓励；超越界限活动，则受到社会、组织的排斥、谴责和制裁。制度作为一种激励机制，通过提倡什么、反对什么、鼓励什么，实际地引导着人们的行为方向，改变人们的偏好，影响人们的选择，激发或制约人的能力的发挥。

二、制度规范着人们的社会关系

马克思指出，为了实现人与自然之间的物质变换，人和人之间必须以一定的方式共同活动和互相变换其活动，并必然结成一定的社会关系："只有在这些社会联系和社会关系的范围内，才会有他们对自然界的影响，才会有生产。"在社会现实生活中，人是通过制度与社会发生关系的。制度的规范系统用一整套行为规则规定着人们之间的关系，如地位和角色、权利和义务。人在制度环境中进行活动，占有一定的地位，扮演一定的社会角色。制度确定的关系不仅使人具有社会性机制，而且是使这些关系成为人的现实关系的机制。正是制度，使人们的社会关系有序而稳定。

三、制度建构着人们的社会交往

马克思指出，"制度只不过是个人之间迄今所存在的交往的产物"，而且是必然的产物，"在生产、交换和消费发展的一定阶段上，就会有相应的社会制度、相应的家庭、等级或阶级组织"。而制度一经形成，又构建着人们的交往，为人们的交往提供了一套框架和秩序，使人们的交往具有可预见性和可信赖性。因而，制度抑制着人际交往中可能出现的任意行为，使人的行为变得可以预见，为人们的交往提供一种确定的结构，同时还通过限制任意行为和降低冲突可能性的规则，以及有关冲突的裁决规则，防止和化解个人之间、个人与群体社会之间的冲突，从而使复杂的人际交往过程变得更易于理解和预见。

现代学校是一个复杂的组织，人员众多，规模宏大，结构复杂，目标多样，任务繁重，责任重大。学校组织成员包括学生、教师、职员、教辅人员、后勤人员等，其中不乏在国内外有重大影响的学者，在社会上举足轻重的人物。组织成员，特别是教师的活动多样、广泛，既要从事教学、科研，又要面向社会从事各类服务活动。高等学校是一个开放的生态系统，与政府、企业及社会的方方面面发生着广泛、深入的联系和交往，学校之间还面临着激烈的竞争。因此，制度建设对于高等学校组织的生存和发展，意义更加重大。著名教育家夸美纽斯指出："……这类学校的长处全在于制度，它包括了学校发生的一切事。因为制度才是一切的灵魂。通过它，一切产生、生长和发展，并达到完美的程度。哪里制度稳定，哪里便一切稳定；哪里制度动摇，哪里便一切动摇；哪里制度松垮，哪里便一切松垮和混乱；而制度恢复之时，一切也就恢复。"

学校组织的根本任务是培养人，培养德智体美全面发展的人才。对学校而言，以人为本就是要以学生为本，以学生的成长、发展为本。人的发展包括个人的类特性的发展、个人的社会特性的发展、个人的自由个性的发展。马克思认为个人的自由个性的发展，包括个人自身的潜力得到充分发挥，使自身自然沉睡着的潜力发挥出来；个人需要全面丰富的发展和个性的自由发挥。人发展什么、怎样发展、人的发展程度如何，根本上是由生产力决定的，而直接的则是由社会关系即社会制度决定的。关于制度对人的发展的影响，马克思认为，专制制度的唯一原则就是轻视人类，使人不成其为人，而这个原则比其他很多原则好的地方，就在于它不单是一个原则，而且还是事实。专制君主总把人看得很下贱。社会的制度形式影响社会成员的发展。

四、制度决定和限制了人的发展的方向和程度

一方面，人的发展方向受具体的社会关系、社会制度的制约和塑造。社会是人的活动本身，也是人的活动展开的根据，社会制度是保证社会良性运行的规则，也是限制人们活动界域的框架。正如邓小平同志所说："制度好可以使坏人无法任意横行，制度不好可以使好人无法充分做好事，甚至会走向反面。"20世纪90年代曾经有一个报道，标题是"工人懂得了油比水贵"。意思是由于有了制度，将用油的数量和业绩、报酬挂钩，因而工人尽量注意节约用油。另一方面，社会制度的发展水平也在一定程度上规定了人的发展程度，有什么样的社会，就有什么样的社会制度，也就有什么样的人性表现。这是制度对人的发展作用的表现。

五、制度激励和推动着人的全面发展

可想而知，如果没有制度，就没有规则，在这种情况下，人的行动是随机的、偶然的，决定行为的唯一尺度只能是个人的好恶或利益，这必然导致社会的混乱和对人性的践踏，根本不可能有人的健康发展。正因为有了制度，才有可能激励和推动人的全面发展。一方面，制度具有信息功能。制度使复杂的人际交往过程变得更易于理解、更可预见，从而也更容易协调个人之间的关系。制度使人们能清楚地测度未来的收益和风险，增强了活动的信心和自觉性，也使人们能在制度框架内最大限度地拓展交往的边界并增加交往的丰富性。另一方面，制度具有激励功能。制度是人创造、制定的，是人们为自身利益而设定的规则，因而必然有利于人的发展。在人们的实践中，制度通过压抑某种行为而激励另一种行为，通过反对某种行为而褒扬另一种行为，从而传递某种信息，影响人们的选择，激发人的能力的发挥，促进人的全面发展。

学校随着社会的需要而产生，并随着社会的发展而不断变革、发展，同时，高等学校的发展又推动着社会的变革、进步。社会变革和学校变革之间的协调，人们首先想到的是理念的创新，因为理念是先导。但是，如果只停留在理念层面，没有相应的制度创新，那么这种理念仅仅是一种口号，一种"软弱无力的呼声"。要将理念转化为实际行动，推进学校的改革和发展，必须通过某种具体的制度才有可能。例如，以人为本的理念是非常好的理念，获得了师生员工的高度认同，但是，如果学校的人才培养制度、教学制度、学生管理制度等基本上没有改变，以人为本的理念势必仅停留在口头上。任何高等学校制度都是针对具体社会环境和学校条件的，学校制度随社会的变革而相应改变。当今时代，社会变革对高等学校制度的影响主要体现在市场化、全球化、大众化、信息化等方面。

学校制度建设包括学校制度的制定、制度的执行和制度的评估三个方面。制度的制定是指学校根据法律法规和上级有关规定，结合本校实际，在充分酝酿的基础上，按照一定的程序，起草、讨论、通过、发布制度的过程。制度的执行是指学校对制度的贯彻落实过程。再好的制度，如果不在实际中执行，只能是一纸空文。制度评估是学校在某项制度执行的过程中，对该项制度的科学性、实效性，以及制度之间的相互协调性进行评价，如发现问题及时做出相应调整的过程。学校制度是一个庞大的体系，各种制度数以百计，内容涉及面广，种类繁多，不同的学者和管理者依据不同的标准，对其做出了不同的划分，形成了不同的制度体系。笔者认为，学校制度可以划分为基本制度、一般制度和具体制度。基本制度指学校章程，即关于学校性质、任务及其组织构成和主要行为活动等最基本内容的原则规定或框架。章程是学校的宪法，办学的依据。学校的一般制度和具体制度都是围绕这一基础性制度设计的。一般制度主要涉及机构设置制度、管理制度和工作制度等方面，这些制度下面又包括若干具体制度。机构设置制度是指一定的组织按照其组织目标设计的机构结构的规则。学校机构包括行政机构和学术机构。学校行政机构不能套用政府机构来设置。管理制度包括决策制度、执行制度、评估制度，以及人事管理制度、教学管理制度、科研管理制度、资金管理制度、设备管理制度、学生管理制度等。这些制度下面又包括若干具体制度，如人事管理制度包括教师聘任制度、职员聘任制度、分配制度、考核制度、奖惩制度等。工作制度包括人才培养制度、科学研究制度、社会服务制度等。这些制度下面也包括若干具体制度，如人才培养制度包括专业设置制度、学分制、选修制等。

学校是智力资源密集型组织。发展人的智力，通过人的智力创造知识，是学校的特质。而这一切又是以人为核心。学校的主要任务是培养人，其产品（学生）的主要特点是"自己生产自己"。每个人都有着独特的生命，生命的独特性就表明每个人都具有优势潜能，教育的最主要目的是发现每个学生身上最强的一面，找出其作为人的发展源泉的"制高点"，在对丰富的教育资源进行自主选择的基础上，通过有目的、有针对性、特色化的教育，努力挖掘每个学生的优势潜能，使其得到最大化、最优化的发展。人是一种精神性的、自由性的、创造性的存在，学生的成长发展，学校仅仅是为其创造、提供一种环境，一种文化，一种氛围，学生在其中自我教育、自我塑造、自我成长。相对其他产品而言，学生这种产品是"自己生产自己"。因此，在高等学校制度建设中，要十分重视以人为本的思想，制度要体现学生需要的满足和利益的追求；制度要引导学生以精神提升自我，培养自己的创造意识和创造能力。学校要在以人为本的基础上，重新审视各项制度，进行制度创新，使以人为本的思想体现在各项制度之中，通过制度引导学生健康成长。学校是典型的利益相关者组织，这些利益相关者主要包括教师、学生、学校职员、学校领导，学生家长、校友和合作者，以及各级政府等。因此，学校在制度制定、制度执行、制度评估中，应特别重视充分发扬民主，广泛听取相关者的意见，在有利于学校生存和发展的大前提下，协调各方意见，努力达成共识；同时，引导利益相关者认识组织利益和组织成员利益之间的联系和区别，理解制度创新的意义。从现实情况看，我国的学校制度建设中，发扬民主还远远不够。

学校制度建设的任务，主要是维护学校组织的生存和发展；促进学生的健康成长；通过制度创新，协调社会变革和学校变革之间的关系；等等。现在，各学校基本上都有自己的一套相对完整的制度，因而学校制度建设的主要任务是制度创新，通过制度创新推进学校的改革和发展。世界上不乏通过制度创新推进高等教育发展的先例。学校制度创新的主要原则是：以科学的理念为指导，针对制度建设中存在的突出问题，有利于推进学校的持续发展。制度创新要总体设计，分步实施，从阻碍学校发展的关键问题入手，逐项进行。温家宝同志在谈到《国家中长期教育改革和发展规划纲要》的制定时说："要把提高高等教育质量摆在更加突出的位置。教育的根本任务应该是培育人才，人才培养观念更新和人才培养模式创新要成为规划的亮点。"人才培养制度是高等学校制度的核心，十分重要。与西方发达国家相比，我国由于人才培养制度方面的缺陷，难以培养出拔尖创新人才。创新人才培养制度正成为国人关注的焦点。对于学校而言，在人才培养制度方面存在的主要问题是：由于惯性约束，导致教育观念落后，新兴理念缺位，对人才培养的整体改革缺乏理性思考；人才培养目标模糊，不清晰；人才培养模式单一。创新人才培养制度，首先要探索先进的人才培养理念，在人才培养制度中要体现素质教育理念、以人为本的理念、面向社会的理念、个性化教育理念和国际化理念。其次，建构个性化人才培养体系。提高人才培养质量，要十分重视个性化教育。个性化教育是面对独特的生命个体，通过适合每个独特生命个体的手段，挖掘个体生命的潜能，促进每个生命自由发展的教育。构建个性化教育体系，要从教学目标、人才培养方案、课程体系、教学模式、教学评价等方面系统考虑。教学目标要注重促进学生个性的和谐发展；人才培养方案要注重开放式，体现课程弹性、时间弹性；教学计划和课程设置要注重个性化和公开化，建立各具特色的课程体系；教学模式要注重主体性、创造性、生活性和情趣性；教学评价要注重全方位评定，多方面、多角度对学生学习状况进行考查；教学手段要注重实践和网络。最后，要完善学分制，改革考试评价制度，等等。

教师聘任制改革是学校人事制度改革的核心。由于观念和制度环境的双重约束，我国教师聘任制度改革仍然是一个未能很好解决的问题。教师聘任制度创新中存在的主要问题是：没有设计职业"准入期"；岗位虚设，与聘任脱节；考核流于形式；学校和教师的权利、义务规定不对等；人才流动不畅；聘任制度单一；等等。

教学评价是教育教学过程中一个不可缺少的重要环节，其作用主要体现为"激励与导向、检测与诊断、区分与优选、决策与调整"。教学是一个多样化的领域，人们对教学内涵的理解也是多种多样的，如"教学是教师向学生呈现信息的活动""教学是教师向学生传递知识的活动""教学是开启学生对学科概念及概念间关系的理解的活动""教学是通过师生交流而改变学生的观念或对世界的感知的活动"等。教学的多样化、复杂性，导致了教学评价的困难。

问题与策略

以往教学评价制度中存在的主要问题包括：重数量轻质量，重知识轻素质，重投入轻产出，重结果轻过程，重近期轻长远，重显性轻隐性，重共性轻个性。创新教学评价制度，首先，教学评价要全面体现教学要求。任何评价都应以评价的指标体系为依据。指标体系是指挥棒，教学评价指标规范教师教学过程和学生评教的过程，起着质量引导的作用。以往的评价往往限于了解教师态度是否认真、备课是否充分、讲解是否清楚等方面。面对培养创新人才的要求，教学评价的内容要体现时代要求。评价内容要体现教师是否诱发学生的兴趣，是否能调动学生的主动性，是否有助于发展学生的潜能，是否重视学生能力、素质的培育等。其次，要重视教学评价反馈，提高教师"教"的能力。现在，学校的教学评估结果，往往仅用于对教师的奖惩，与评奖、晋升、聘任挂钩，未能使其成为提高教师"教"的能力的过程。在教学评价过程中，一方面要重视学校存在的一些带有普遍性的问题，提出解决办法，并及时反馈给教师、学生。另一方面，对教师教学过程中存在的问题，要与教师一道共同讨论研究，帮助其解决问题，提高"教"的能力。最后，开展"课程鉴定"，提高教师的责任感和成就感。现在，学校普遍比较重视科研，原因很多，其中之一是科研有立项、有鉴定，一环扣一环，使教师有一种责任感和成就感。笔者认为，在教学评价中，可以开展"课程鉴定"。这种鉴定，以自我鉴定为主。教师在一门课程的教学结束之后，先进行自我鉴定，自我评估。在此基础上，院系对教师课程教学提出鉴定意见。这种做法可以充分体现教师的个性，调动教师教学的积极性。

学校科学发展的关键是科学决策，决策不科学必然造成发展中的种种问题。过去的学校管理，由于学校规模小、封闭，政府直接管理学校，学校的决策比较简单，依靠个人经验便可以决策。现代学校是一种规模宏大、组织复杂、功能多样，对社会负有多种责任的特殊组织，而且政府已赋予大学办学自主权，很多重大问题需要自己做出决策，因此，现代学校需要科学决策。目前，很多学校根本没有形成科学决策制度，仍然是凭"校长意志"，停留在经验决策层次上。在决策过程中，存在两个突出问题：一是在治理结构方面，未能体现利益相关者的参与，广大教师、学生在决策中没有多少发言权；没有建立起相对超脱的决策机构，决策、执行、监督往往集于一身。二是没有建立起科学的决策程序，不遵循一定的程序，决策谈不上科学化。建立科学决策制度，首先要解决治理结构问题。探讨校务会制度，建立由学校相关者代表参加的校务会，对学校重大问题进行决策。做到执行者不左右决策过程，决策者不干预执行过程。其次，建立科学的决策程序。决策的基本程序包括澄清问题，把要解决的问题弄清楚；明确界定目标；收集各种备选方案；对每种方案的结果做出评估；选择最佳方案等环节。最后，应充分发扬民主，注意决策在多种相关者中的充分协调；重视信息的作用，信息是决策的依据、管理的基础；提高决策的效率、有效性及环境适应性。学校制度建设十分重要又非常复杂，制度之间联系密切，牵一发而动全身。因此，学校领导分工中应有人分管制度建设，如由常务副校长或行政副校长统筹制度建设，避免各自为政；职能部门分工中应有部门负责制度建设，如由学校办公室协调制度建设。此外，学校研究部门在制度建设中负有重要的责任，如在制度制定过程中进行调查研究，提出咨询意见；在制度执行过程中广泛收集信息，了解执行情况；在制度评估过程中定期对制度制定、执行情况进行评价，提出反馈意见。

根据以上内容，我认为，现代学校制度建设的核心价值在于促进学校的现代化进程、教师的专业化发展和学生素质的全面提高。学校变革是寻求变化的，推进现代学校制度建设的工作重心之一是聚焦学校内部运行机制，这要求我们做到完善决策机制，重视管理创新；调整机构设置，降低管理重心；提高管理实效，前移管理阵地；坚持以人为本，进行绩效管理；建立责任制度，实行反馈激励，充分调动中层干部与教师的工作积极性与主动性，使学校有限的人、财、物等达到最佳组合，发挥最大的质量效益和社会效益。鉴于以上认识，我校几年来从全面提升学校竞争能力入手，创新学校管理，探索与教育改革体制相适应的现代学校制度，从而使学校驶入可持续发展的快车道，我们构建的现代学校制度建设主要包括以下三个方面：

一、构建现代育人模式学校

构建以现代办学理念为指导，以培养目标为核心，以现代育人模式为保证的现代学校教育制度。

学校的教育制度是现代学校制度的核心，作为为学生终身发展奠基的基础教育，必须设计面向未来的教学制度系统，从根本上改善和发展人类自身，才能培养出适应未来的学生。为此，我们对学校的教育制度进行了全新的系统设计。

1. 创新办学理念

一是确立学校的核心理念，我校的核心理念是以"融以至高"文化为引领，以"幸福教育"为方向。核心理念明确了学校教育的价值取向和教育的理想追求。二是德育理念。我们的德育理念是：做有根基的中国人。德育理念明确了德育的模式思路和特色。三是教学理念。我们的教学理念是：用教学科研创造教学奇迹，用教学高科技创造教学高效益。我们力图引导教师超越传统，实施科研兴教，科技兴教。四是学习理念：用生命激情学习，用科学方法学习。旨在引导学生激发生命激情，创新学习模式，追求一流发展，从而拥有昨天，把握今天，创造明天。

2. 创新培养目标

针对现在学生普遍存在的创新意识不强、生存能力弱、动手能力差的现状，实施综合素质教育。

3. 创建具有竞争力和发展力的现代教学模式

既加强基础知识和基本技能学习，又重视学生的智慧潜能开发和创新能力培养，努力形成没有师生隔阂的平等教育模式，没有差生概念的教育模式，没有单纯说教的教育模式。在教学模式的构建上，着力以知识为本，以发展为本，以能力为本。还学生时间和空间，使学生的个性、天性在校园大放异彩，让学生在校园、在课堂上自主学习和深入思考。在继承学习的同时学会自主式学习、发展式学习、探究式学习、开放式学习、合作式学习、反思性学习，让学生不仅获得知识和技能，还能获得学习方法和思想方法，更能收获人生智慧，让学生成为学习的主人、发展的主人、创造的主人。

二、构建核心学校

构建以全面目标系统为指导，以全面质量管理为核心，以全员考评为保证的现代学校管理制度。

我们认为，一所学校要保持可持续的竞争力，必须站在历史的高度和时代的前沿，规划学校的长远发展，构建学校发展目标体系，确立每一步的发展计划，并以此统一全校教职工的思想和行为，凝聚全体师生的智慧和力量。为此，我们把管理的切入点放在办学目标的设计上：一是学校长远办学奋斗目标。二是阶段发展目标。包括学校发展目标、教师发展目标与学生发展目标。学校发展包含办学规模、设施条件、管理水平、教育服务、校园安全、办学环境、社会形象、办学效益等方面。教师发展目标包括专业发展与职业声望发展两个方面。学生发展包括品德发展、身体发展、心理发展、能力发展、个性特长发展、学科水平发展等六个方面。三是学期工作目标。包括学科教学目标和班级发展目标。学科教学目标包括学生满意率、后进生进步转化率、零失败率、优生率、合格率。班级学生发展目标包括巩固率、满意率、行为规范合格率；学生"五个一"（每人一个管理岗位，参加一门活动选修课，参加一个学生社团，一个研究课题，掌握一套科学的学习方法）和个性发展率、零失败率、后进生转化率、优生率、合格率等。

为了保证学校目标体系的全面实施，必须有从宏观到微观，从战略到战术的全面推进措施。为此，我们着力强化两个操作环节。

1. 建立全面、全程、全员质量管理系统

所谓全面管理就是对学校教育、教学、科研、教师培训、行政、后勤工作进行全面设计并全面进行质量控制。紧扣"一切为了学生发展"这一中心，将凡是影响学生发展的因素都纳入强化管理的范畴，努力达到凡事有准则，凡事有负责，凡事有程序，凡事有监督，凡事有考评，并通过建立集中决策、分头把关、快速反应、迅速落实的管理运行机制和构建由责任制度体系——督导评价体系、反思反馈体系构成的运行机制，达到开放、科学地管理学校。

2. 建立全员业绩考评系统

全员业绩考评体系包括三个有机统一的环节：

（1）建立考评体系结构。从对象上分为团队考核和个人考核两类。团队考核主要达到两个目的：一是通过对各行政部门和业务部门的考核促进部门职责的全面履行和部门之间的有效合作。二是通过班级、年级、教研组的考核促进教师的合作，培养团队精神，凝聚整体发展意识。个人考核分干部、教师、职工三类。考核要素包括过程质量、业绩、职业责任和道德、工作态度等综合因素。目的是促进教职工综合素质的发展和事业价值的增值，并形成个人、团队、学校的利益共同体。

（2）建立全员业绩考评的方法体系。主要体现三个原则：一是公开与开放的原则。用开放考核资讯的办法，创造公开、公平的考核环境。考核的结果强调证据，考核的结论与被考核人见面。二是定量与定性结合的原则。用量化体现准确，在定量的基础上定性，让每个职工在考核面前人人平等。三是反馈与修改的原则。考核结果实行公示，允许申诉和复议。

（3）建立激励体系。一方面建立全员全程激励机制，另一方面努力使考核的资源最大化共享，实现人力资源的综合管理，使考核的结果成为评奖、晋级、评职、聘任、进修、评优、福利分配和聘任的基本依据。

三、构建诚信学校

构建以诚信办学为指导，以创造学生、家长满意的优质教育为核心，以学校、社区、家长、政府共同促进学校发展为保证的开放与闭合相统一的管理系统。

我们认为，诚信办学、建立学校的公信力对于学校来讲既是一种"形象"、一种品牌、一种信誉，更是学校健康发展的基础和保障。为此，我们始终坚守诚信办学的原则，努力塑造学校的诚信品牌形象。一是建立学校的诚信体系，包括坚守对社会的庄重承诺，绝不做虚假广告，不使用不正当的竞争手段；坚守对政府的承诺，坚持依法办学，依法行政，绝不搞欺上瞒下；坚守对家长的承诺，努力教好每一个孩子，让学生生动活泼，积极主动自主地发展，绝不乱收费；坚守对学生的承诺，尊重学生的主体地位，平等对待每一个学生，全心全意为学生提供最好的教育和服务。二是注重塑造、展示和宣传学校形象。通过开放日、教育成果展、公开教学、新闻媒体、公关活动等，多形式、多途径展示学校的良好形象。

为了保证诚信办学原则的落实和优质教育的实现，我们致力于建立学校、社区、政府、家长的伙伴关系，并通过建立四条学校工作的支持系统来构建促进学校发展、学生进步的共同体：

（1）家长系统。我们成立了专门做家长工作的家长工作部，管理目标是使每个家长成为学校的伙伴和朋友。主要工作有：学习海尔经验建立售后服务体系，为每个学生建立发展档案，并不定期与家长反馈情况和征求意见；推行学生成长报告制度，老师每半月一次与家长交流沟通；发放家长意见卡，每周反馈家长意见并24小时做出满意回答；建立各地市家长联谊会，定期征求家长意见；成立家长学校，开办家长班，提高家长对学校工作的认同和理解度。

（2）党政系统。努力争取党政和教育行政部门的支持。

（3）社区系统。与当地派出所建立警校共建点和治安室。

（4）兄弟学校系统。与学校所在地周边的中学建立广泛的友好关系。

潜能高效化——部门之创新

关于学习职能部门

学校职能部门基本分为党办、行政办、教导处、政教处、安全办、团委、年级组、教研组等。那么，如何协调这些部门的工作，让其高效运转，就成为很多校长思考的问题。以年级组为例。20世纪90年代中后期以来，随着基础教育的逐步普及和就学人口高峰的来临，中学办学规模获得了跨越式发展。学校规模进一步扩大，一个年级动辄十几个教学班的规模，无异于以前的一所学校。这就给学校传统的管理模式带来了挑战。如果由教导处直接管理二三百名教师，政教处直接管理数千名学生，势必造成管理的针对性减弱，教育教学的效率降低，严重影响学校办学效率的提高。因此，年级组管理模式应运而生。年级组管理模式由于其针对性强、管理效率高，在短短的时间内，其地位得到了进一步提升，职能得到进一步加强，已经成为很多中学不可或缺的一个基层组织。但是，由于年级组并不是一个由教育主管部门认可的行政职能部门，其出现是因为各学校为了适应形势的变化而采取的一个变通措施，因此其地位与职责是相当模糊的。概括起来，当前的年级组管理结构大致可以分为以下几种：一是年级组与处室成平行关系，实际上是在原有的管理结构中，将年级组的地位提升到中层管理的位置；二是年级组从属于各处室，接受各处室的领导，相当于在学校管理中增加了一个管理层级；三是将年级组提升到各处室的上面，由分管副校长直接任年级主任，再安排各处室的人员任年级副主任。

年级组管理模式崛起之后，外界的评价可以说是毁誉参半：有为之叫好，认为可以大力推行的；也有向年级组管理说"不"的。就学校内部而言，更引发了年级组管理模式与传统管理模式的冲突。有的学校为了照顾传统管理模式的优点，淡化年级组管理，使得年级组形同虚设，结果"穿新鞋走旧路"，各处室忙得焦头烂额，效率却难以提高；有的学校进一步提升了年级组的地位，强化了其职责，各处室顿感被架空，变得无所事事，结果处室骂、校长怨，年级组成了风箱里的耗子，两头受气，吃力不讨好，积极性大为受挫。细究其原因，出现上述矛盾与冲突其实就是因为它们之间地位不清，责权不明，职责交叉重复，双方协调不够。其实，提高工作效率，遵循基本原则很重要。首先效率优先原则。坚持目标的多元化理论，以效率优先作为工作的指导思想，无论何种管理模式，都必须以有利于提高办学效率为根本出发点，坚持可持续发展，形成长效管理机制。其次是实行主任（年级主任与处室主任）负责制。实行主任（年级主任与处室主任）负责制，加强自主管理，最大限度地调动年级组与各职能处室的积极性，使年级组既不成摆设，各处室也不被架空，双方工作形成互补关系，形成最大合力。最后是坚持权力的制约与平衡原则。坚持权力的制约与平衡原则，即要寻找分权与集权的最佳结合点。另外，还要有协调双方关系的措施。随着学校办学规模的扩大，学校的管理模式也必然要由整体管理为主向分层管理为主过渡。处室管理实行的是条条管理，年级组管理实行的是分块管理。条块之间是交叉关系，是互补关系。事实上，一个隶属于处室的年级组却要担负起各处室的职责，这种职责与权力相分离、"名不副实"的状况是不利于年级组有效开展工作的，难以调动年级组的积极性，难以发挥自主管理的优势；同时，各处室每天疲于奔命，忙于应付不同年级、不同师生的不同状况，这种粗放式的管理只会使工作流于表面，难以深入，效果不佳。为了有效提高管理效率，需要进一步优化条块机制，学校应该实行"条块联动、以块为主"的管理模式，进一步提升与强化年级组地位，使其成为与各职能处室平行的行政管理部门，它们之间是协作关系，不是隶属关系。这既有利于充分调动年级组的积极性，加强年级组的自主管理，也从组织上解决了它们之间的尴尬关系。只有各安其位，才能各司其职，才能有效防止遇事扯皮或相互推诿现象的发生。

随着双方地位的确定，下一步就应以现代教育理念为指导，构建有序、高效、民主、和谐的目标管理机制，实行管理重心下移，明确各自职责，使之各司其职、各负其责。具体可以这样操作：校长负责决策，是学校的总设计师、总指挥；各处室逐步从具体繁杂的事务中解脱出来，对年级组管理进行监督、评价、指导、服务；年级组作为学校基层管理的核心，具体负责贯彻执行学校的决议。年级组要根据各处室的目标和计划，结合本年级的实际，制定上下衔接、左右协调、方向一致、强弱互补的年级目标计划，并予以组织实施。在处室与年级组职责划分上，坚持合理配置其权责，保证权责统一，清晰明了，既不留"空地"，也不留"共管地"。如果将学校的这种管理模式比喻成一个人，校长就是大脑，处室是经络，年级是骨架。大脑要清晰，要能统揽全局；经络要畅通，切忌神经断路；骨质疏密要合理，力防骨质疏松或骨质增生，确保整个人的健康运行。

职能部门案例

以兰州市第十八中学各部门的管理制度为例，如教导处各年级的管理措施：

高一、高二年级管理措施

一、指导思想

"一切以学生的全面的、可持续发展为本"，以人为本，发挥教师的主导作用和学生的主体作用；紧紧围绕高一教育教学目标，加强教育教学过程管理，充分调动教师和学生的积极性，实行分层次教学，狠抓落实，以提高教育教学效益；遵循教育教学规律，务实创新；脚踏实地，稳步提高教学质量；增强危机意识，培养创新能力；加强学校教育与家庭教育的结合，充分挖掘教育资源，形成教育合力。

二、年级宗旨

扎实、务实、求真、高效。

三、工作目标

高一年级将以班风建设、学风建设为突破口，进一步规范学生的言行，净化学生生活环境，增强学习气氛，努力使学生养成良好的学习习惯和生活习惯，具有勤奋、创新、勇于探索的进取精神。

高二年级以加强班主任、教师队伍建设为突破口，培养爱岗敬业、好学上进、科学发展的工作作风；营造良好的学习竞争氛围，强化学生行为习惯管理，重视学生能力提高和全面发展；培尖促优，力求量和质的共同提高。培养学生的集体荣誉感和责任感。树立良好的班风，培养学生的自我管理和自我控制力，形成良好的学风，在年级中形成一种相互竞争、和谐发展的良好氛围。搞好培优补差工作，使不同层次的学生在各个方面都有所突破。

四、具体措施

1. 加强学生管理工作

（1）加强班主任队伍建设，注重理论学习和经验推广，抓好班主任的培养工作，注重信息交流，了解学生状态，每周日晚召开班主任例会解决突出问题，提升班主任的工作进取心和责任心，提高班级管理工作的针对性和实效性。

（2）强化学生管理，从严要求，耐心教化，细心观察，有针对性地解决和排除班级中存在的矛盾和不稳定因素。

（3）加强班团干部的建设和培训，年级组和各班将进一步优化学生干部队伍，加强干部培训，提高干部的管理能力和水平，充分发挥学生干部在管理中的作用。

（4）加强学校与家庭的联系与沟通，定期召开家长会，互通情况，并让家长了解支持学校的教育教学措施，形成教育合力。

（5）重视学生心理疏导工作，针对起始年级学生容易出现的心理焦虑、心理浮躁等问题，有计划地开设系列讲座或报告，及时做好疏导和引导工作。

（6）有计划地开展文体活动，让学生劳逸结合，张弛有度，不搞疲劳战，能使全体同学始终以饱满的热情投入紧张的学习中。

2. 加强学风建设

（1）加强对学生的理想前途教育，让学生明白为什么学，增强学习的使命感。同时加强学法指导，让学生学会怎么学，反思怎样学才能事半功倍，提高学习效率，进一步培养学生学习的主动性和自觉性。

（2）在班级内组织"手拉手，一帮一结对子""勤奋学习，超越对手"活动，调动学生的学习兴趣，促进学生互帮互学，共同提高。

（3）重视课前预习，提高课堂教学的针对性和实效性，强化课后练习和知识的巩固。

（4）培尖补差工作，由年级主任牵头，备课组长、班主任参与，摸清年级优秀学生及成绩出现偏科的学生名单，上报年级，因人而异，因材施教，并分解到具体老师，全程进行培养及辅导。

（5）培养学生自我管理能力。

3. 加强教学管理

第一条　明确备课组长职责

各备课组长既是年级本学科教育教学的把关人，又是学校和年级教育教学管理的执行者，更是年级教学活动的组织者。

（1）备课组长必须团结备课组所有成员，大胆管理，将备课组建设成一个团结战斗的集体。

（2）备课组长要按照学校和年级的要求，组织安排好备课组工作。制定备课组工作计划，负责落实集体备课，指导各类平行班学科教学，对各类测试试题在难度、范围及校对上把关，负责选用教学资料，指导备课组成员上好各级公开课、研究课、示范课和汇报课，积极倡导和带头开展教学改革、教学创新和教学研究，提醒备课组成员在规定时间内上交各种材料。

（3）关心年级学科组的建设。深入课堂听课，指导新教师，培养和发现业务尖子，公平公正地评价备课组成员，逐步形成备课组良好发展的梯队。

（4）能快速接受、领会和运用新的教学理念、新的教学信息，能准确传达学校和年级的教学要求，能创造性地开展工作，圆满完成学校和年级的各项教学任务，能及时向年级反映教学情况，并提出相应的意见和措施。

第二条　规范集体备课

落实好集体备课是加强教学管理、促成三融合和提高教师业务水平的有力保证。

（5）集体备课要定时间、定地点，要求各备课组每周定内容、定中心发言人，并在年级备案。集体备课的内容和中心发言人要根据备课组工作计划提前通知、提前准备。集体备课要做到人人准备，中心发言，互相交流，形成学习研究的氛围。备课组长要做好集体备课的考勤和内容记载，每周交年级或学校检查。

（6）集体备课的中心发言人，不仅要在教材处理、教法的选用、教学标高的确定上做明确的说明以保证基础落实、重点突出、难点突破，而且要将中心发言的完整内容（提纲）上交年级（必须有电子文本）。

（7）要通过集体备课达成备课组六个相对统一（内容统一、进度统一、标高统一、例题统一、习题统一、资料统一），保证年级教学一盘棋，提高教学质量。

（8）集体备课和教学时要充分考虑到年级教学的具体情况（教师特点不同、学生学习起点不同），要针对各类平行班制定相应的教学措施。要求学生认真落实学习的各个环节（有效预习、高效上课、及时整理、独立作业、快速释疑、阶段小结）的要求，帮助学生尽快养成自主高效学习的习惯。教师要根据集体备课的要求，积极、稳健、循循善诱地进行教学，多引导、多交流、多讨论，杜绝"一言堂""满堂灌"的现象，注重师生互动，共同创建优质课堂，提高课堂效率。

第三条　规范订阅和使用教学资料

订阅和使用教学资料是为了提高教学质量，加强教学效果，适当地减轻教师教学和学生学习的负担，因此必须规范订阅和使用。

（9）各科教师要按照高考要求和教学实际布置适量作业，各科教师不得抢占学生自主学习的时间，各学科作业要平衡。书面作业要定时全批全改，其他形式的作业也要落到实处，要定期检查，不得流于形式。

第四条　加强教学传帮带

（10）各备课组要根据具体情况，安排好传帮带的梯队网络，并在年级备案。各传帮带的梯队网络要在教学理念、教学方法、教材处理、作业布置和辅导答疑上进行广泛的交流与传授，共同提高教学水平。

（11）全体教师每学期必须上一次组内公开课。备课组成员必须全部听课，认真评课和说课，取长补短，共同提高。备课组长和传帮带梯队网络要具体指导（包括教学细节）。全体教师都应该敞开课堂，允许随意听课，每次听课后都要相互交换意见。年级负责人、备课组长要有计划地深入课堂听课，随时掌握教学第一线的情况。

（12）全体教师都有义务承担各级公开课、研究课、示范课和接待课，各备课组要主动承担和出色完成各级示范课和研究课及远程教育课，并且充分展示本学科及教师本人的教学特色，各位教师要把握时机，加快成为名师的步伐。

（13）指导教师每周必须至少听自己指导的青年教师一节随堂课，青年教师每周也至少听指导老师的课一节。

第五条　规范命题、监考、阅卷和登分

科学命题、严格监考、认真阅卷和规范登分等考试工作不仅可以体现教师的业务素质和敬业精神，而且有助于规范年级的教学管理，提高教学质量和教学评价的效度，这是不能松懈也不得马虎的常规工作，只能精益求精。

（14）各备课组长按照学校和年级的要求，认真组织好周考、月考试题的命题工作。每次命题都必须有明确的范围（根据教学实际确定）、适宜的难度（普通班难度系数0.80左右）、较好的区分度（成绩呈正态分布）和命题责任人（包括命题人和审核人）。命题责任人在命题时最好能写出命题细目表，以保证试题中所涉及的知识和能力既有覆盖面又重点突出。试题和评分细则须经备课组认真讨论审核、校对定稿后胶印。每次命题都实行备课组长和命题责任人责任制，必须做好试题和试卷的保密工作，以保证试题的质量和测试的效度。

（15）各监考教师要提前布置好考场（摆好桌椅、做好卫生、贴好考号、检查门窗和灯光），严格遵守监考纪律，做好学生的表率。监考中要大胆管理，如实向年级通报考生违纪情况。每科考试结束时，监考教师都必须按要求按号收好试卷或答卷纸。

（16）每次考试后，以备课组为单位实行统一密封流水阅卷。阅卷时每位教师都要参加，分工协作，认真仔细，不要私自拆开试卷，阅卷工作一般要求2~3天完成。

第六条　明确教学定位，反馈教学信息

学校扩招和年级学生类别的增多，对各科教学提出了更高的要求。加强教学针对性，正确处理反馈的教学信息尤为重要。

（17）每次大型考试后，年级将分类统计学生考试成绩数据，如学生成绩单、平均分、分数段、总分前百名等，并将这些数据反馈给班级、备课组。各班、各备课组和年级都要认真做好质量分析（包括试题分析和成绩分析），拿出具体措施及时调整教学的侧重点，为家长会做好准备。

（18）积极配合学校做好评教评学的工作（包括定期召开各班学习委员会），并将评教评学情况及时归纳整理，建设性地向备课组长和教师反馈。年级负责人将定期召开备课组长会和全体教师会：讨论教学事宜，通报教学情况，规范教学程式，传达教学要求。

第八条　杜绝教学责任事故

教师上课和值班都不得迟到和早退，特殊情况须请假，经许可后方可离开。全年级教师必须严格规范，敬业爱岗，自觉自律，杜绝发生教学责任事故。造成教学事故的人员，按学校相关规定处理。

第九条　既注重教学规范，又重视教学创新

年级负责人除参加本学科集体备课外，还必须有计划地参加其他备课组的集体备课，除能够深入本学科的教学课堂外，还必须能深入其他学科的教学课堂，掌握教学第一线情况，检查教学规范的落实情况。要及时表彰先进，及时发现教学问题并调整教学状态，努力实现课堂教学四满意。

高三年级管理措施

一、建立三种机制

（1）班主任、备课组长积极参与的年级组长负责制，对主管领导负责，进一步提高工作效率。

（2）同科教师积极参与的备课组长负责制，对年级组长、教务主任负责。（每周一次会议）

（3）任课教师积极参与的班主任负责制，对年级组长负责。（每月召开"六人备考"会议）

二、加强四项研究

（1）高三整体教学安排的研究。要针对各个时段进行科学合理的有效安排。

（2）教学大纲、高考说明、高考试题的研究。提高高考的把握能力、驾驭能力。

（3）学生情况的研究。只有研究学生，全面了解学生的情况，课堂教学才更有针对性。

（4）高三主体性课堂的研究。要充分调动学生的积极性，使学生真正成为学习的主人。

三、抓好五项改革

（1）人事安排改革。尽可能对称性安排，尽可能男女比例适当，老、中、青有机结合，引入平等竞争机制，构建和谐、进取、向上的氛围。

（2）评价、奖励政策改革。看整体效应，看单科的整体效果，进行整体评价与奖励，促进整体的快速发展。

（3）学法指导改革。高三每一位任课教师有四节学法指导课（每学期期初一节，期中后一节）。

（4）月考考试试题改革。多人综合把关（教导处、备课组长、任课教师）月考试题，全面把控试题质量，促进教师专业成长。

（5）作业布置改革。建立作业限时制度，减轻学生的学习负担，增加学生自主学习的时间，真正做到减负增效。

四、提出教学目标

高三的工作首先要设计既具有科学性又具有挑战性的目标，全面激发教师与学生的斗志，全面提高教师与学生的信心。

（1）这种目标要成为高三教师的共识，要成为高三师生创造生命价值的共同追求。

（2）要形成长远目标与近期目标的和谐统一。

（3）要形成个人目标与整体目标的和谐统一。

（4）要进行目标的科学分析，提高对目标的认同感。

五、科学的管理

要创建和谐愉快的高三师生学习生活环境，要建立主管领导、年级主任、备课组长与班主任之间，职责分明、层级清晰、科学有序的管理。

（1）要系统地、理性地制定各阶段的策略，策略必须具有针对性、有效性和可操作性。

（2）管理者要参与教育教学的实践过程，既要宏观把握，又要微观入手，学会从行动中研究与反思，在体验中提炼规律与技巧。

（3）要高度重视德育工作，高度重视班级建设，高度重视班主任工作。

（4）教师要成为教育的管理者。

六、优质的课堂

创建优质的高三复习课堂，让每一位高三教师成为优质复习课的开发者、研究者、合作者。

（1）发挥备课组的作用，推进有效课堂活动向纵深发展。

（2）每位高三教师要成为有效课堂的探索者、追求者、实践者。

（3）高三课堂应成为教师优质课展示、比赛的舞台。

（4）效果是衡量高三复习课是否有效的主要指标。

七、有效检测

注意定期有效的检测，便于了解学生，便于调整学生的心态，便于总结应试的技巧与规律。

（1）检测必须是有效的，少了不便于了解，也容易使学生放松；多了使人厌恶烦躁，适得其反。一模前每两周一次测试，一模后每周一次测试是科学的。

（2）教师要加强命题的研究，命题要科学，要适合高考的需要，要符合学生的认知规律和阶段特征。

（3）要注意考后的反思指导，让学生有收获。

（4）要加强与重点学生的沟通与交流。

八、发展性评价

要用发展的眼光评价学生，用赏识的眼光激励学生，所以教师应成为学生的精神动力，应成为学生成长的导师、引路人。学生应成为教师心灵的寄托、精神的安慰。

（1）要建立高三学生成长档案，班主任要建立班级学生成长档案，学生要建立学个人档案，学会科学的评价，通过评价促进发展。

（2）从"考试观"走向"评价观"。要建立包括表现在内的多元评价体系，要从态度、基础、意志、方法、身体、心理等方面与成绩的关系进行分析，用辩证的、发展的、动态的观点激励学生找回信心，认识自我，促进发展。

（3）注意课堂教学评价。老师的课堂应特别亲切、特别有激情、特别有精神、特别能激励人。

（4）作业的评价。作业是巩固课堂知识，进行规范化训练，养成好的解题习惯，提升解题能力的一个重要环节。要认真及时批阅作业，进行科学评价。（要注意先进的理念，注意尊重学生的主体地位，世界著名的企业家提出每十天要表彰一次员工，每十天要表彰一次学生）

九、严肃的纪律

一支没有纪律的军队是不可能打胜仗的，纪律是提高质量的保证。

（1）对老师要有明确的纪律要求，不允许搞个人英雄主义，要凝聚集体智慧，打好整体战役。要按照学校、年级的要求，按时上班、上课、答疑、批改作业，要统一行动，严格要求，自觉进行。

（2）对学生要有明确的纪律要求，要讲究方法，大胆管理。没有好的常规，就难以保证好的质量。

（3）要强化平衡发展，推进整体质量的提高，作业量要严格控制，要按照规定的时间布置对应的作业量，要精心批改，要在效率上做文章。

（4）要加强考纪考风的教育，力求准确真实地反映学生的实力与水平。

十、健康的身心

要开展健康的身心教育，以健康促进发展。

（1）要关注学生的心理健康，要重视学生的心理健康教育，要特别关注有心理障碍的学生、自卑的学生、学习有困难的学生，确保安定。

（2）要关注学生的身体健康，要注意饮食，要积极参加体育锻炼，下午两节课后年级统一跑步，要高度重视体育课、课间操。

（3）要关注教师的身体健康。

（4）要关注教师的心理健康。

教研室管理措施

一、工作理念

认真、坚持、简单、快乐。

认真才能做好事，坚持才能做成事；做简单的事，快乐地做事。

二、教研室工作思路

1. 扎实推进教学工作，提升教师专业素养

（1）开展学科培训，提升教育教学理念。

（2）以教学竞赛为抓手，促进教师快速成长。

（3）抓实优质课评选，提高课堂教学效率。

2. 创新开展教研工作，提升教师业务能力

（1）拓展教研形式，促进校际交流。

（2）搭建平台，增进教研交流。

（3）强化公开课展评，提升学校教学工作。

（4）抓好课题研究，提升学科研究水平。

3. 提升协调能力，高效完成各项教研任务

（1）对外与相关主管部门及兄弟学校能够有效沟通，及时获得教学研究信息，交流教研经验，并能高效完成各项教研任务。

（2）对内能够协调本校各教研组的教研活动，并能够组织本校业务骨干教师开展引领性学科研究活动。

三、教研目标

深入贯彻习近平新时代中国特色社会主义思想和党的十九大精神，认真落实习近平总书记关于教育的重要论述，全面推进和深化课程改革，提升教师的专业素养，注重精准课堂教学研究，提升教育教学质量，促进学生全面而有个性的发展，助推学校的持续发展。

政教处管理措施

一、健全制度，规范管理

1. 学生日常守则

《中学生守则》和《中学生日常为规范》是中学生必须遵守的思想和行为准则，是公民的国家观念、道德观念和法制观念对中学生要求的具体化。学校要将贯彻落实《守则》和《规范》作为突破德育瓶颈的途径，常抓不懈。坚持做好学生日常行为规范教育及习惯养成教育。

2. 完善学生校本管理制度，规范学生言行

学校围绕"融以至高"德育管理模式，根据运行实际，制定并完善了一系列学生校本管理制度，如《兰州十八中学生风纪仪表及行为习惯要求》《兰州市第十八中学学生礼仪规范》《兰州市第十八中学学生一日常规要求》《兰州市第十八中学学生课间纪律要求》《兰州市第十八中学学生安全管理细则》《兰州市第十八中学学生住宿管理细则》等。各种制度的完善和落实，强化了制度化管理，以制度管理事务，以制度约束学生，规范了学生的言行。

3. 管理工作落到实处，考核评比责任到人

政教处和班主任利用不同形式对学生的出勤、风纪仪表、行为习惯、课堂纪律、课间纪律、早操和课间操活动纪律、卫生打扫等情况进行检查考核，

实行周检查通报制度，对存在的问题及时通报并督促整改。

4. 建立健全学生评价体系，科学、规范、全面评价学生，促进学生全面和谐发展

学校重视对学生的综合素质评价工作，坚持全面性原则、激励性原则、过程性原则、协商沟通原则，按照《基础教育课程改革纲要》和《普通高中课程方案》，学校确定的评定内容为6个项目20个要素。评定程序规范，内容全面，真实地再现评价对象的特点和发展趋势，起到了促进学生全面和谐发展的作用。

二、完善学生干部制度，加强自我管理

加强学生会、班委会工作，通过学生申报、竞选演讲，选举学生会干部。学生会设主席一名，副主席三名，各部正、副部长三名，各部又与班级相应的班干部实行对口管理，从而形成学生会、班委会两级管理制度，协助政教处、班主任落实学生日常管理工作。例如，学生会安排专人检查迟到情况、自习纪律、课间纪律、两操出勤情况和班级卫生情况等，并按照有关规定打分考核。学生会、班委会两级管理制的建立，形成了我校学生自我管理体系。这一管理体系的形成，不仅促进了班级事务管理的常规化和规范化，培养了学生自我教育的意识和自我管理的能力，发挥了德育工作中学生的主体作用，而且把班主任从烦琐的班级事务中解放出来，把班主任从管理者与被管理者之间矛盾对立的局面中解脱出来，使班主任角色真正转换为学生自我管理的指导者和学生自我教育的引路人。

三、教育者对学生要上心

对学生的思想教育要求教育者对学生要有耐心、爱心、恒心。

四、加强家校联系，构筑教育合力

定期组织召开家长委员会、家长会，安排教师家访，介绍学生在校各方面表现情况，了解学生在家、在社会上的综合表现，征求家长建设性的意见和建议，密切学校老师与家长的联系，使学校教育和家庭教育密切配合，互为补充，形成合力。定期举办家长学校培训，增强家长培养教育孩子的能力。

五、文化引领，环境育人

1. 培育催人奋进的精神文化，引领学生健康成长

学校精神文化主要通过校训、校风、学风、培养目标、办学宗旨等形式表现出来。这是学校的灵魂，是学校一切工作和行为的理念导向。我校高度重视高品位学校文化建设，在积极改善办学条件，完善教育设施，使学校达到美化、绿化、净化的同时，不断更新教育教学理念，整合和挖掘学校的文化育人资源，精心规划以育人为目的、以校园文化为载体的学校精神文化。经过近年来的教育教学实践和总结凝练，我校确立了以"融以至高"核心理念学校文化为引领的管理及育人模式，彻底改变了"头痛医头，脚痛医脚"的琐碎战术，向校园文化要制高点。

2. 培育内涵丰富的环境文化，营造优雅育人环境

校园环境建设对改善校园风气，提升学生的精神生活有巨大作用。我校大力开展班级文化建设和楼宇文化建设，要求各班结合实际，确定班级发展特色和班训班规，在教室内进行班级文化布置，在教室外墙挂上班牌，班牌上有班级精神追求寄语。教学楼一楼大厅展示"融以至高"学校文化内涵和校训、校风、教风、学风、校徽、校歌等，让人感受到学校育人理念和浓厚的文化氛围。让墙面说话，环境焕然一新。为了让校园的每一面墙壁都会说话，学校在教学楼楼道悬挂各种教育宣传牌，学生尽收眼底，时间长了，从无意识地浏览，到熟读谨记，最后践于行动，文明行为逐渐深入人心。让环境文化起到"春风化雨，如润无声"的教育作用。在教学楼二至五楼大厅设置图书角，主题明确，知识性与趣味性并重。校园内墙面上各类宣传牌主题突出，文明礼仪、传统文化、时代精神等内容的展示催人奋进，让人感受到环境育人的功能和文化引领的价值。

六、适时渗透，情知合一

人都是按照自己的价值观活着，价值观教育绝不是大道理。我校教师特别是班主任，要抓住各学科、各章节的特点，不失时机地在知识性基础上加强趣味性、思想性，引向恰如其分的价值观。做到适时渗透，情知合一，这才是真正的合格教师。

总务处管理措施

总务后勤工作作为学校工作的重要组成部分，具有其特殊的地位和不可替代性。突出育人功能，是后勤管理的主旋律，变管理为教育，变被动服务为主动育人是现代人文环境中后勤工作所面临的一个新的课题。为提高学校教育教学管理整体水平，强化以服务促管理，以管理求实效，真正体现"以人为本、服务育人"的管理理念，改善后勤管理模式，优化学校育人环境，使总务后勤工作真正为学校教育教学和师生生活服务，为学校整体工作的不断提升和发展充分发挥作用，现就总务后勤管理工作提出自己的想法。

一、美化校园环境，营造育人氛围

在人的性格的形成过程中，环境因素影响很大。学生主要活动范围是学校，校园的环境质量跟学生息息相关，从实用到艺术，从绿化、美化、净化、知识化到学府化，对学生具有强烈的暗示性、渗透性和潜移默化的作用，并持久地产生直接影响。我校以"绿色生态校园"为目标，积极将校园绿化、文化建设的内容深化、内涵升华，不断改善育人环境，提升办学品位。现在，我校的校园树木与花卉并存、盆栽与地栽互补、平面绿化与垂直绿化错落，绿化布局合理，育人环境优美，人文气息浓厚，全面营造了"一草一木会说话，一砖一瓦皆育人"的充满艺术氛围和人文精神的校园育人环境。

二、加强学习培训，提高服务质量

后勤人员是服务者也是教育者，每个岗位人员的思想作风和工作态度对学生都有着直接的影响，能起到春风化雨，润物无声的教育作用。为全面提升服务人员素质，充分发挥后勤服务作用，必须强化后勤人员培训，加强党和国家路线、方针、政策的学习，不断提高思想认识；加强法律、法规的学习，做到依法行事、按章办事；加强业务知识学习，提高后勤管理水平；加强后勤人员管理，规范后勤人员行为，提升后勤人员素质和服务能力，使全体总务后勤人员都能充分认识到学校总务后勤工作的重要性，始终围绕教育教学中心，牢记"服务育人"宗旨，增强服务工作的积极性、主动性和创新性，强化大局意识、服务意识、爱岗敬业意识，以务实、扎实、踏实的工作作风投入服务工作中，切实做好服务师生和后勤保障工作。

三、强化后勤管理，做好服务保障

学校后勤工作应紧紧围绕学校中心工作，根据自身特点，积极、主动、创造性地实施后勤管理，开展育人活动，以优良的管理、优质的服务共建育人环境。一是强化服务主动性。积极主动地对教室多媒体、办公电脑、打印机等教育教学设备和教室桌椅，以及水、电、暖等生活设施设备进行检查维修，确保学校教育教学工作正常开展。二是实行精细化管理。严格执行学校各项规章制度，加强校产管理，培养学生爱护公物、遵规守纪的自觉性，确保学校资产充分发挥最大效益，更好地服务于师生、服务于教育教学。三是全面系统地掌握现有设施设备使用运行情况，并有详细的数据统计，做到分类合理、账物相符、物有所管、责任到人。四是强化师生生活服务管理，加强校园各类设施设备的检查、维护、维修，对于与师生饮食、起居等息息相关的服务事项，加大监督、检查与整改力度，要求总务后勤人员创新工作方法、厘清工作思路，严格按照规章制度做好相关工作，为师生提供安全满意的服务。

四、落实财政纪律，严格财务管理

根据上级财政部门要求及财务管理规定，严格落实财务制度，坚持原则，顾全大局，严格把关，遵守法律法规，遵守财政纪律，按照财务规定及程序，认真履行岗位职责，依法依规做好学校财务预算、费用报销、票据存档及年终决算等各方面工作。并严格按照财政部门规定和要求，积极做好学校各项工程政府招标、工程预算、审计工作和学校办公用品采购工作，保证我校所有正常开支及建设、维修项目合理化、合法化，确保学校的正常运行和稳步发展。

五、加大资金投入，改善办学条件

我校自1995年建校至今，虽每年都在努力进行学校硬件设施改善，但因近几年学校资金短缺，致使教育教学设备陈旧落后，学生课桌凳破损严重，教室、走廊墙皮脱落，光线昏暗，学生住宿条件简陋……这些因素影响着学校的长远发展。2016年9月马忠林担任十八中校长以来，对于我校发展现状看在眼中、急在心里，在学校经费严重不足的情况下，亲力亲为，多方筹措，努力改善硬件设施及办学条件。通过近三年的努力，干净整洁的教室、走廊，现代化气息十足的云教学一体机，整齐划一的课桌凳，稳重大气的教师办公桌，现代高端的教师办公电脑，功能齐全的阶梯教室，安全美观的紫藤长廊，正在加工中的学生木质高低床，即将投入使用的电子阅览室……十八中的面貌正发生着日新月异的变化，为全校师生全力创建温馨、美丽的学习、工作和生活环境，为我校教育教学质量的稳步提升提供了全面保障，打下了坚实基础。

六、强化食堂管理，确保食品安全

"民以食为天，食以安为先"，食品安全关系着每一位师生的身心健康和生命安全。学校在食堂管理工作中，高度重视安全工作，树立高度的红线意识和底线思维，加强理论学习，切实提高食堂从业人员安全意识、责任意识和服务能力。严格按照各项规章制度，把好原材料采购关、储藏关、食品加工关、食物留样关、餐具消毒关，严格落实索证索票制度，规范日常操作，积极配合上级各部门检查与监督，对于反馈的问题第一时间进行整改落实，并在食堂运行过程中，不定期征求全校师生意见和建议，虚心接受全体师生监督和指导，及时对食堂饭菜进行改进，在保证食品绝对安全的前提下努力提高饭菜质量和服务水平。

七、加强部门协作，推进学校全面发展

在学校各项工作中"分工不分家"，树立大局意识、合作意识、互补意识，工作中相互理解、相互支持、相互补台，积极主动地进行沟通交流，建立良好的互动工作关系，加强处室及部门协作配合，促进学校整体工作稳步发展。

职能部门之策略

协调解决好年级组与各职能处室的关系，实际上就是要解决好学校分权与集权的关系，寻找一个分权与集权的最佳结合点，使权力达到制约与平衡，最大限度调动各方面的积极性，使办学效率达到最大化。

下面就各部门的工作予以浅谈。根据传统惯例和实际工作需要，学校整体工作纵向分层、横向分工，于是学校就有了不同的职能部门。实际工作中，职能部门工作存在诸多问题，如无序、被动、推诿、拖拉、无所作为等，严重影响了学校管理的整体效益。如何提高职能部门的工作质量是每个学校校长都需要认真思考的问题。笔者认为应该从部门工作的整体性认识、目标管理和模式方法三个方面进行探索与改进。

一、提高部门工作的整体性认识

规模稍大的学校，职能部门一般都设置正职和副职等不同岗位，并进行具体分工。在实际工作中，一些部门管理人员因不能正确地认识部门工作的整体性要求，没有认识到正职与副职的岗位职责不同，因而经常出现工作中各自为政或互相推诿等难以协调的问题。提高部门工作的整体性认识，有助于提高部门工作的协调性和工作效益，主要有以下三点要求：

1. 正确认识工作分工

"组织的最高主管因受到时间和精力的限制，需委托一定数量的人分担其管理工作。"组织分工是为了达到专业化和精细化管理的目的，分工是工作的委托分解而不是各行其政，受委托人要受到上级委托人的监督和制约并向委托人负责；同样，工作分工之后，委托人也不能一分了之、不闻不问，因为责任追究起来，还是委托人的责任。由于种种原因，不同人格特质的人都会进入学校管理的班子中来，不是每一个受委托人都是十分称意的，但又不能不承担具体工作，部分受委托人往往不能达到理想的工作效果，所以部门负责人加强部门内的工作监督和指导是非常必要的。

2. 部门工作是整体性的

由于受到管理幅度的制约，学校在组织设计时，通常会将那些性质相近的职务或岗位归并到一起，形成不同的管理部门。部门管理人员虽各有分工，但基本属于同一种或相似的工作性质，围绕同一个工作中心，如教学管理，虽有分管教学、分管教研、分管学生等不同工作，但都是围绕提高学校教育质量这个中心；又如，后勤管理，有分管基建、分管环境卫生、分管资产财务等不同工作，但都是为教育教学服务的。部门人员分工不同，更需要部门主管来进行协调管理，在时间安排、工作进度、工作质量等方面进行统一要求，保证整个管理系统有序运转，有效达成部门工作总体目标，即"分工不分家""分工更要协作"。

3. 正职与副职的岗位要求不同

部门正职和副职的岗位职责不同，在工作上的要求也应该不一样。正职全面负责该部门的日常工作，副职则担负着协助、参谋的任务，因此，部门正职不能只关注自己经办的具体事务，而应该对部门工作有系统思考、整体安排，在率先做好自己经办的工作的同时，对副职的工作要经常给予提醒和指导，起到统领的作用，而不是听之任之。如果副职干不好受委托的工作，正职同样要承担相应的领导责任，而不是与自己无关。"路径—目标理论"认为："当领导者弥补了员工或工作环境方面的不足，则可能会对员工的绩效和满意度起到积极的影响。"

二、加强部门工作的目标管理

实际工作中，有些部门工作无目标或目标模糊，表现为被动、无序，症结在于没有目标意识和不懂目标管理。"目标是个体、群体和整个组织期望的产出。它提供了所有管理决策的方向，构成了衡量标准，参照这些标准就可以度量实际工作的完成情况。""目标管理是一种程序，使一个组织中的上下各级管理人员行动起来制定共同的目标，确定彼此的责任，并以此项责任来作为指导业务和衡量各自贡献的准则。"如何充分利用工作目标来引领部门有效开展工作，我认为要做到如下几点：

1. 明确部门职能，确立部门常规工作目标

学校职能部门主要是根据学校管理需要设立，这些机构均有其常规工作内容和职责，部门负责人及其成员要明确本部门的职能要求和工作宗旨，并将之细化为具体的常规工作目标，作为部门常规工作的方向和标准，保证常规工作有序进行。例如，教务处的基本职能就应该是抓好教育教学的常规管理，工作宗旨是提升教育教学质量，工作目标应在教和学两方面设立：教的方面，要在课程设置与人员分工、教学计划与检查、教学质量检测与分析等方面细化，保障教学秩序；学的方面，要在班级管理、学生教育、成绩评定等方面细化，提升教育质量。

2. 根据具体事务，确立单项工作目标

部门工作是由一项项具体的事务性工作组成的，每一项具体的事务性工作的合理过程、理想结果就是单项工作的目标。新出现的或重要的单项工作目标要由部门全体人员一起制定，集中大家的智慧，形成书面的材料，作为过程管理和结果评价的依据；而一般常规性的单项工作目标，则受组织内惯例标准制约，由经办人自行把握。例如，教学管理中的学年验收考试，班级成绩将作为教师工作或班级管理的考核依据之一，就要认真制定各个环节的质量标准，而平时的小测验，则可由科任教师自己把握；在后勤工作中，学校大型建设要认真对待，桌椅维修就可以由经办人自行把握。但这些工作不管重要程度如何，都应该有明确的标准，只有事事有明确的目标，才能将每一项具体工作做好，整体工作才能让人满意。

3. 分析学校整体工作形势，确立部门阶段性工作目标

学校在不同发展阶段，各职能部门的阶段性目标也不一样，要有所侧重，才能满足学校整体工作形势的需要。例如，刚刚建立的学校，教务处的主要工作任务是拟定常规，加强规范，保证教育教学秩序；在发展较为成熟的学校，教务处的工作任务是全面提升教育教学质量；在有着悠久历史的名校，教务处的主要任务在特色的保持、模式的建立和不断创新方面。所以，不同的职能部门，要根据校情，分析当前工作需要，确立部门工作阶段性目标，做到常规有序、重点突出、创新提高，促进学校整体工作的开展。

三、优化部门工作的模式和方法

在学校工作中，不少部门工作无序、拖拉和低效，原因在于没有科学的工作模式和方法，不能发挥部门成员的集体力量，没有认识到工作流程管理的重要性。

1. 重视建立部门基本常规工作运作模式，提高工作效率

学校各职能部门均有最基本的常规工作，构成部门工作的"主旋律"。只有主旋律不乱，效率才能提高。首先要辨别哪些常规工作是本部门的"主旋律"，接着就要有意识地为这些工作"建模"。

（1）"建模"是对常规工作的全面固化。针对某项重要工作，"建模"就是要解决以下问题：能不能将此项工作程序化？每一环节的责任人分别是谁？其他部门或个人应做哪些配合工作？需要哪些制度或方案予以保障？最终成果有哪些形式和质量要求？等等。解决了这些问题，也就建立了该项工作的模型。在一段时间内将此模型固定下来，让所有参与的人知道在什么时间什么地点做什么事情，工作效率自然就提高了。

（2）"模型"既要有相对的稳定性，又要随着形势的变化有所调整。保持相对稳定性，可以稳定秩序、规范进程。良好模式带来的积极效应，会形成特色，成为学校文化的优良传统。但当工作环境和内在要求发生变化时，"模型"需要及时调整；又由于人的心理适应性，长期不变的工作模式容易引起心理疲劳，工作模式需要一定的变化予以刺激。如何变化？根据两个方面：一是原有模式的缺陷；二是新的工作要求。需要主管人员在平时观察和思考，在适当的时候予以更新，体现传承与创新。

（3）要有准备地实施组织变革。原有模式的老化会导致部门工作效益低下，应引发变革加以改造。组织变革切忌头脑发热、盲目启动，需要积极稳妥地推进，"推进改革的方式有多种，组织在选择具体方案时要充分考虑到改革的深度和难度、改革的影响程度、变革速度，以及员工的可接受和参与程度等，做到有计划、有步骤、有控制地进行"。准备工作的好坏决定了组织变革能否成功，因为组织变革要通过新的制度或方案来实施，实施的有效性如何，取决于准备工作是否充分。表现在三个方面：一是征求意见的广泛程度；二是集体讨论的充分程度；三是宣传解释的透彻程度。

2. 重视发挥部门所有成员的才智，形成集体力量

实际工作中，由于一些部门成员存在个人自由主义和部门山头主义，会产生错误的认识和做法，如认为自己经办的事就应该是自己做主，容不得别人评头论足，不需要别人的建议；工作开展之前不与他人讨论商量，过程中需要其他人协助的时候，认为那是别人应该做的，结果成功了是自己的功劳，失败了是别人的不支持。长期下去，就会形成紧张的组织气氛，必然导致工作质量的下降，甚至组织的分裂。一般的学校职能部门都有两到三个成员，如何形成部门工作的集体力量？关键在两个方面：一是重视发挥部门内部所有成员的才智，开好部门工作的"诸葛亮会"，集中大家智慧，统一部门成员的认识，发出同一个声音，形成工作合力；二是重视沟通和协调，做到事先通气，过程协作，成果共享。

3. 重视工作流程的科学管理，保证工作质量

流程管理，关键做好事先准备、过程控制、结果验收三个环节的管理工作。

（1）事先准备。俗话说"磨刀不耽误砍柴工""凡事预则立，不预则废"，都说明了准备工作的重要性。"事先准备"主要有以下几个方面的工作：一是调查摸底，充分掌握信息。以组织考试工作为例，如参考学生数、考试科目、监考教师数、考场数、考试日期与学校重大活动有没有冲突？有没有什么特殊的考试项目需要特殊的准备？二是多种方案预设，完善首选方案。根据调查的情况，拿出多个方案，听取多方意见，对所有方案进行优劣排序，对首选方案进一步完善。三是关系协调、确定执行方案。工作开展往往涉及多个部门，需要部门间相互协调配合，一般工作可以事先通气、主动征求意见，重大事项则要提议召开协调会议，认真听取各部门的意见，确定执行方案。

（2）过程控制。过程控制，是在工作开展以后，对活动中的人和事进行指导和监督，以保证计划目标的有效实现。过程控制的作用主要有两个：一是可以指导相关人员以正确的方法进行工作。指导下属的工作，培养下属的能力，这是每一个领导者的重要职责。二是可以保证计划的有效执行和工作目标的实现。管理者通过现场检查，可以随时发现活动进程与计划要求相偏离的现象，从而可以将一些问题消灭在萌芽状态。在现实工作中，一些职能部门或管理人员往往马虎了事，不能深入现场管理，问题发生后不能及时解决，导致结果与预期相差很大，甚至出现无法挽回的损失。例如，学校工程建设，如果质量管理人员不能加强过程监督，施工人员又不按要求施工，就容易出现低质工程。若返工重做，会给施工方造成很大的损失，非根本性问题，管理方往往会碍于情面，不了了之；又如，考试工作，从制卷到考场安排，从学生考试到监考阅卷，只要在一个环节上出了问题，就会导致整个考试成绩失真，考试工作失去原有意义。

（3）结果验收。在实际工作中，不少部门和经办人不注重结果验收，只有过程开展，不知结果如何，管理环节不完整，带来的危害较多：一是不明了工作最终状况，无法汇报工作结果；二是没有资料积累，随着时间的推移，无法复原经办人的工作过程，其绩效无法考核；三是没有经验积累和教训总结，后续工作质量难以提高；四是经办人员因事情未做了结，始终是心理上的负担。结果验收主要有两种类型：一种是终结性验收，单项工作完成后，应该有一个交接验收的环节，以便进入下一个工作项目；另一种是阶段性验收，部门或个人工作一段时间后，组织一次工作状况的检查验收，了解工作进展状况。

阶段性验收的重要作用在于总结经验教训，以求下一阶段更好地开展工作；终结性验收能卸下相关人员在既往工作中的思想包袱，轻松的心态有利于提升工作效能。可见，结果验收不仅是业绩评定活动，还是重要的总结反思活动。结果验收在方式上要做到科学、灵活。首先经办人要做好自查工作，收集好完整的资料，然后才能有上级组织正式的验收。重大的项目应该有专门组织来验收，如学校某项基建工作应由负责这项工作的领导小组会同上级有关部门验收；一般常规工作验收则可以由部门负责人会同经办人员验收，如教研组内教师备课工作、某次的小型维修工作；单项工作可以由经办人会同相关人员验收，如某次班级任务的完成情况。所有的结果验收应该有一个验收记录或评价，作为本项工作的结论和部门及个人工作绩效的考核依据。结果验收在内容上要做到完整。结果验收不能仅有最后的结果，还要收集整个过程中的相关资料，力求完整，每一个结果都能从这套资料中找到原始数据和核算依据，如考试工作的验收，不仅仅是一张最后的成绩表，还要有整个过程的安排资料、过程记录资料、数据的核算和分析资料。这些完整的工作资料，目前做得比较规范的有学校财务资料等，这些材料的完整性是由这种工作的重要性决定的，作为一个负责任的管理者，每一项工作资料建设都应该如此。影响部门工作质量的因素很多，但如果学校职能部门成员能形成部门工作的整体性认识，制定合适的工作目标，在过程中注重内部协调控制，对最后结果做完整的验收，这样的部门工作必然是高效的，部门的职能作用必将得到最大限度的发挥。

教育理想化——职业之创新

关于职业

根据中国职业规划师协会的定义：职业=职能+行业，这样才能算一个完整的职业。而职能（Competency）是指人、事物、机构所应有的作用。从人的职能角度讲，是指一定职位的人完成其职务的能力；指事物的职能，一般等同于事物的功能；机构的职能一般包括机构所承担的职权、作用等内容。具体地说是一组知识、技能、行为与态度的组合，能够帮助提升个人的工作成效，进而带动企业对经济的影响力与竞争力。

行业是指从事国民经济中同性质的生产、服务或其他经济社会的经营单位或者个体的组织结构体系，如林业、汽车业、银行业等。教师职能则指教师职业的功用与效能。教师在培养人才过程中的实际作用可归纳为：传播和传递人类科学文化知识，使之延续与发展；依据教育规律和青少年身心发展的规律、特点，通过传授科学文化知识和技能，发展学生的智力与体力，培养学生良好的思想道德品质；宣传社会思想，发展与创造新的科学文化知识，促进社会全面进步；广泛为社会服务。

综上分析，我们可以把教师职业理解为，以教书为生的职业。这个职业是人类社会最古老的职业之一。按照法律法规和行业规范，在规定的时间节点内，根据学校设施条件和个人职称专业，安排学生入座、发放学习资料、备课授课、批改作业、引导辅导帮助学生学习、组织听课练习、组织考试、传授科学文化基本知识、开展主持学术交流，以及提高学生的观察学习、记忆认知、动手沟通、操作等综合实践能力，培养学生特长，促进学生德智体美全面发展，掌握经验技术。教师受社会的委托对受教育者进行专门的具有建设性的教育，执行各项教育政策，维护社会稳定，为国家和社会培养各类高素质或实用人才。在社会发展中，教师是人类文化科学知识的继承者和传播者。对学生来说，教师又是学生智力的开发者和个性的塑造者。因此，人们把"人类灵魂的工程师"这一崇高称号给予人民教师。在教育过程中，教师是起主导作用的，教师是学生身心发展过程的教育者、领导者、组织者。教师工作质量的好坏关系到我国年轻一代身心发展的水平和民族素质提高的程度，从而影响到国家的兴衰。从这一点来看，我们可以将教师职业理解为是根据人们参加社会劳动的性质、内容、形式和标准划分的社会劳动者群体，是为人的生存和发展提供的一种社会分工。社会学者根据职业的本质、特征将其划分为专门职业和普通职业。根据学术标准衡量，教师职业是一种专门性职业，它需要经过专门的师范教育训练，掌握专门的知识和技能，通过培养人才为社会服务。有目的地培养人才是教育区别于其他社会领域的根本特征。苏联教育家苏霍姆林斯基强调教师"不仅是自己学科的教员，而且是学生的教育者、生活的导师和道路的引路人"。所以，教师职业是特殊的，教师是履行教育教学职责的专业人员，承担教书育人、培养社会建设者、提高民族素质的使命。教师职业也是一种分工、一种职位。不过就不同的教师主体而言，有的是主动选择的，有的是被动选择的。教师职业是特殊的，教师的人生也是特殊的。教师在职业和人生之间存在不同的取向：有的教师"把职业等同于自己的人生"，即把职业作为人生最大的目标和追求；有的教师认为"职业小于人生"，即把职业影响力缩小，超越教师的界限寻求更多的发展空间；有的教师是"职业大于人生"，即只有教师的天职而忘却人生的反思和守望。三种境界，孰优孰劣，尚需继续追问。从类型分类来看，不外乎以下几种：

"生存型"教师。"生存型"教师处于以教师职业谋生和养家糊口的状态，即主要是从生计出发，站在功利的角度，以被动和消极的眼光看待自己的职业，把自己的职业仅仅当作一种谋生的手段，当作"维持生活""干活挣钱的行业",对于教育事业的社会意义和教师职业价值缺乏基本的领悟。他们只知道把教师的义务作为一种教育职责,是"应该做的",其教师责任、教师职业技能的进取是在"维持生计""保住饭碗"的强大外力因素之下被迫完成的无奈之举。由于从事这一职业更多的是出于无奈,因而感到困惑和痛苦。在"生存型"教师身上我们看到的是对职业的厌恶和疏远,教师与职业是分离的。

"享受型"教师。"享受型"教师处于体验人生和品味幸福的状态,他主要从兴趣出发,站在非功利的角度,以对教育事业和学生的热爱来对待自己的职业。比如,把学生的成长当成教师最大的快乐,对平凡的工作充满热爱,在付出与给予中获得内心满足等。相对于"生存型"教师而言,他从事这一职业不仅仅是为了生存,更多的是因为自己喜欢,因而在工作中会感到快乐和幸福。在"享受型"教师身上,我们会感受到他对教师职业的热情和积极的态度,教师与职业是融为一体的,职业本身就是生活。

"发展型"教师。"发展型"教师则处于服务社会和完善自我的状态,即主要从自身和社会需要出发,站在超功利的角度,以完善自我、为社会做贡献的立场看待自己的职业。他从事这一职业是为了过一种更有意义的人生,因而感到崇高和有价值,如把教师看成教育活动的反思者和研究者,以终身自我教育作为教育生涯的推动力,不仅视教师职业为给予,也视为有意义的活动等。在"发展型"教师身上,我们能够体会到他们对提升自己的迫切愿望和富于创造性的教育智慧,教师是超越于职业的,是以"教育家"为发展目标的。

从上述教师职业生存状态的三种类型来看,真正的教师是那些把自己的生命融入职业生活中,并从职业中得到快乐和发展的人。"享受型"教师和"发展型"教师都能从职业中获得深刻的愉悦感受和强烈的精神震撼。拥有这样的教师,不仅是学生的幸福,也是社会的幸福。当然,教师职业存在的这三种状态并不是相互排斥的,"享受型"与"发展型"教师同样有"生存"的需要,"发展型"教师也有"享受"的需要,只是三种存在状态显示出一种由低至高的提升。就个体而言,一名教师在他的职业生涯中可能会依次经过这三种状态,也可能直接从喜欢享受的状态起步进入发展状态。

提升教师职业境界的途径可以概括为以下几个方面:首先是保证教师基

本的生存需要。按照马斯洛的需要层次理论，生存对任何人都是最基本的需要，对教师而言也不例外。教师作为一种职业，是一种谋生的手段和方式，在这个基础上，教师才是一种专业，这个时候才可能谈及献身教育的问题。在我国的职业体系分类中，教师职业处于中间水平，因此这也决定了教师的生存状况和底线标准。对绝大多数教师而言，生存无外乎两个最基本的衡量指标：生存的条件问题和生存的压力问题。教师职业提供的条件，包括工资待遇、社会福利、社会地位等，是否能使教师在知识经济社会中具有强势的话语权，这无疑关系着教师生存的质量问题，这个问题在教育经济和人力资本市场方面有积极的关注；而教师职业所致的压力问题，则在一定程度上投射出生存的困难程度，它导致教师由最初的职业旨趣变为职业倦怠，消解了教师职业本身的魅力和吸引力。有研究者指出，教师承受着来自方方面面的压力问题：超负荷的工作使教师疲于应付；目前各种评价体系存在不少问题，加重了教师的工作压力；"饭碗"问题、学历压力等基本压力也紧逼教师；媒体的"眼睛"也时时刻刻监督着教师和教育事件；等等。在这里我们不得不说，当教师的生存真正成为"问题"的时候，教育的理想也就失去了说服力；当为师者为着生存处心积虑的时候，"学高为师、身正为范"的教育真义也就难免带有异样的味道；当职业的尊严感递减而挫败感递增的时候，教师对职业和人生的追问也就成为一种"乌托邦"了。其次是让教师享有成功的体验。美国心理学家马斯洛认为人的需要包括生理需要、安全需要、归属和爱的需要、尊重的需要、认知的需要、审美的需要、自我实现的需要。其中，自我实现是人类最高级、最强烈的需要。教师都有较强的自尊心和好胜心，迫切希望自己的劳动得到社会、家长、学校领导、同行的认可和尊重。作为学校，必须做到以"师"为本，为教师创造成功的平台，根据每位教师的个性特征和工作能力，合理用人，让其在工作岗位上淋漓尽致地发挥工作才能，创造不平凡的工作业绩，体验成功的工作乐趣。与此同时，学校还要为教师创造良好的外部环境，使教师有机会展示自身的才能，让上级领导和校外同行对其工作加以充分肯定和高度评价，使教师的成就感得到满足。比如，我们可以并应该传递给每一位教师这样一个信息：学校为你的存在而感到骄傲。要唤起教师对于自身职业的自豪感和幸福感，仅仅依靠外部的动力，是不会深刻和持久的，更主要的是帮助教师逐步形成一种强烈的自我暗示：我能成为一个成功的教育者，我能做一个好老师！真诚地欣赏每一位教师，为教师的成功喝彩，让每一位教师都感受到自己是重要的，让教师在校园里感受到心灵的自由、灵魂的安宁、理想的放飞和奋斗的快乐。再次是努力提升教师自身的素养。叶澜说："不实现教师的精神解放，不激活教师精神生命的活力，就不可能有真实意义的、直接面对学生的教育转型。"教师并非一种简单而轻松的职业。教育对象的差异性、教育情境的不确定性、工作的繁重性及任务的艰巨性决定了教书育人是艰苦而繁难的工作，其作用在学生身上的效用是无形的、潜在的，具有周期长的特点，决定了教师的人生之路是漫长而单调的，鲜有鲜花和掌声相伴。教师在日常生活和职业生涯中扮演着多重角色，在日新月异的教育观念和教育技术背景下做出的角色调整等因素决定了教师心理的忧劳和失落。教师从事着辛苦而任重道远的、非一般人能忍受和坚持的工作。因此，教师必须树立为教育服务终身的坚定信念，立志自强，培养自身坚忍不拔的意志、仁者爱人的道德情怀、自知者明及"见贤思齐"的自我求知意识、高雅唯美的审美意识、淡泊宁静的修养。教师有此之心，才能冷静面对生活中的得与失、名与利；从容面对生活中的平凡与琐碎；超然面对人生中的得意与失意、成功与失败；笑看人生之苦，乐品人生之孤寂，赏识人生之乐趣，宠辱不惊而自在逍遥。

那么，教师职业幸福感从何而来？所谓幸福感，其实是人的一种主观感受，是需要得到满足、潜能得到发挥、力量得以增长时，内心所获得的持续快乐的体验。教师职业幸福感作为教师职业生活的重要组成部分，其内涵指的是："教师在实践自己的教育教学工作之中，自身需求能够得到满足，潜能能够得到发挥，能够自由实现自己理想并且伴随着自身能力的增长而获得的持续快乐的体验。"随着信息化社会和多媒体教育技术的不断渗入和发展，教师的生存状态正在面临越来越多的挑战。教师教育教学的主要对象是学生，学生正处于人生的成长阶段，这一阶段所面临的教育将对他们今后所经历的人生产生极为深远的影响。故此，教师职业幸福感不仅仅关乎教师自身生命质量的提升，更与教育质量的整体提高息息相关，甚至影响着整个和谐社会的实现进程。

教师职业之案例

以兰州市第十八中学两位老师为例。

闫永平老师

闫永平老师是我校的语文老师。工作20年来，他坚持走课改之路，以"以不息为体，以日新为道"为导向，在教育改革道路上，开拓出一片新的天地。20年课改，使闫老师成长为全国中语优秀实验教师、甘肃省骨干教师、甘肃省教学能手、兰州市学科带头人、兰州市基础教育专家、兰州市教研先进个人。

闫老师是沐浴着国家新一轮课程改革的春风成长起来的一代具有开拓创新精神的"智慧型"老师。2001年，在党中央、国务院的领导下，教育部正式启动了新一轮基础教育课程改革，颁发了《基础教育课程改革纲要（试行）》。闫老师以极大的热情投入这场轰轰烈烈的课改当中，成为课改浩瀚激流中的弄潮儿。他意识到在教育行业，创新是必由之路，只有彻底改变传统的教学模式、教育思想，才能真正体会什么是"科学发展观"，什么是"教育要面向现代化，面向世界，面向未来"。他常以清末维新派领袖唐才常的"尊新必威，守旧必亡"勉励自己。只有崇尚新法才可以更加兴旺，一味守旧，就会走向灭亡。从2003年开始，他首先从提升自身素质开始，认真研究国家教育政策，刻苦钻研教育理论，因为他认为"工欲善其事，必先利其器"。加强个人修养，提高思想境界是首要任务，他先后阅读了康德的《康德论教育》，夸美纽斯的《大教学论》，赫尔巴特的《普通教育学》《科学的心理学》，苏霍姆林斯基的《给教师的建议》《爱心与教育》，程翔的《语文课堂教学与实

127

践》，钟启泉的《课堂研究》及魏书生的《我这样做老师》等20余本教育类书籍，书写笔记十余本，可以说为课改奠定了坚实的基础。2005年，他以2001年教育部颁发的《基础教育课程改革纲要（试行）》为指导，从课堂开始大胆改革。首先从师生互换角色开始，以学生为主体，以老师为主导，充分发挥学生的主观能动性，在课堂上让学生自学、合作、讨论、探究。每一堂课他都精心准备，尽量预防课堂讨论带来的不可预测问题。课后他及时总结得失，撰写每一堂课的教学反思，然后对照教学设计、教学实录，查找问题和不足，及时进行补充完善。经过一年的日夜奋斗，中学语文五步教学法逐渐在他的思维中形成，即整体阅读，确定目标——比较探究，求同存异——自主合作，探究结果——回首要点，总结归纳——拓展延伸，自我提升。这一思维体现了语文学习的人文性、工具性和知识性。核心理念是致力于学生语文素养的形成与发展。教学目标是提高学生的语文能力，培养学生的人文素养，其中突出创新精神和审美情趣。表现了生成性、自主性、延展性、综合性等特征，极大地丰富和充实了语文教学的方法和思想。通过教学实践，教学成绩逐年提升，优秀率达30%以上，合格率90%以上，得到校领导和同行的一致好评。

一切伟大的事业，都需要思想领航。2014年9月，习近平总书记在视察北京师范大学时，发表了关于"四有"好老师的重要讲话。讲话强调，今天的学生就是未来实现中华民族伟大复兴中国梦的主力军，广大教师就是打造这支中华民族"梦之队"的筑梦人，要打造一支有理想信念、有道德情操、有扎实学识、有仁爱之心的"四有"好老师队伍。党的十九大报告指出，建设教育强国是中华民族伟大复兴的基础工程，必须把教育事业放在优先位置……学习贯彻习近平时代中国特色社会主义思想和党的十九大精神，办好新时代人民满意的教育，要把握好新时代教育的新使命，坚持教育自信，培养新时代的"四有"好老师。在党的呼唤下，闫老师认为要成为一名好老师，必须有理想、有信念，于是他以百倍的信心和崇高的教育信仰再次投入课改热潮中。他引用唐代文学家刘禹锡的名言"以不息为体，以日新为道"，认为教师必须以坚持追求作为本体，以每天创新作为途径。2014年，他开始研究高效课堂，研究并借鉴了国内外的高效课堂模式之后，通过对构建主义、人本主义、教学最优化、有效教学等理论的学习和课堂实践，大胆提出了"1162高效课堂模式"，即将课堂40分钟分别按照1∶1∶6∶2的比例，划分为"4+4+24+8"。之后，闫老师被邀请到甘肃、青海等学校开始巡讲，达十余场，听课人数超万人。可以说，课改为教育界注入了一股潜力巨大的活力。

随着时代的发展，教育信息化已经成为主流。2018年4月13日，中华人民共和国教育部印发《教育信息化2.0行动计划》。强调教育要实现从专用资源向大资源转变；从提升学生信息技术应用能力向提升信息技术素养转变；从应用融合发展向创新融合发展转变。闫老师顺应时代的发展要求，积极投入对信息化的研究。他说只有"苟日新，日日新，又日新"，才能成长为一名"四有"好老师。

课改就是教育的春风，就是教育前进的动力。在国家新课改的教育形势下，校本课程成为新课改的重点。1996年原国家教委颁发的《全日制普通高级中学课程计划（试验）》规定，学校应该"合理设置本学校的任选课和活动课"。近年来，课程多样化的趋势进一步加快，随着基础教育课程改革，国家根据教育目标规划课程计划，按照这一计划制定必修课的课程标准，把选修课的决策权交给地方和学校，并颁发了与之相配套的《地方和学校课程开发指南》。《基础教育课程改革纲要》明确提出："实行国家、地方、学校三级课程管理。"按照新课程计划，学校和地方课程占总课时数的10%～12%。这就意味着学校课程将由国家课程、地方课程和学校课程三部分组成。闫老师引用格罗夫的话："改变是我们的挚爱"，全力以赴进行校本课程的开发。在他的多方努力下，经过长达两年的组稿、编辑、校对，刊印了兰州市红古区首部校本教材——《中国古代诗歌鉴赏》，共计六本。该课题以课改为载体，坚持"教科兴校"与创建"文化校园"相结合，努力实现学校课改总目标，以人的发展为核心，以"陶冶学生情操，完善学生人格，丰富学生文化底蕴"为宗旨，以提高学生的思维能力和审美能力为方向，引导学生鉴赏中国古典诗词，促进素质教育的全面发展。结题后，该教材在红古区乃至兰州市引起了广泛关注，并被部分学校采用。

"路漫漫其修远兮，吾将上下而求索"，这是闫老师对自己的要求；

"宝剑锋从磨砺出，梅花香自苦寒来"，这是闫老师对自己的勉励。面对新时代新发展，国家教育事业新改革新要求，他勇担教育使命，开拓进取，勇激潮流，与时俱进，争做课改先锋。在这条充满荆棘又幸福的道路上，他以崇高的理想做人，以高尚的情操树人，以扎实的学识育人，以博大的仁爱之心爱人，在教育领域不断开拓新的天地，取得了一项又一项新的成就，不仅努力做好"大先生"，且尽力做好"教书匠"；为他的教育梦不断努力，为广大教师树立了良好的榜样。

记得在2018年我主持的名校长工作室班主任年会上，闫老师就班主任工作提出了"C+T=B"班级管理模式，即执行（CEO）+团队（team）=效益（benefit）。

一、C

"C"即首席执行者（CEO）。什么是CEO？也就是公司的决策者和执行者。马云认为一流的执行者，执行力最重要，一流的执行力要比一流的好点子来得更重要，没有执行，任何好的决策或目标都不可能成功。

闫老师无论带哪个年级、哪个班级，都有一套完整的班级管理制度。根据学校的统一要求，和班委会一起制定《班级管理制度》《班级管理考核细则》《班级考核明细表》，并提出"一个中心，两个基本点"（"一个中心"即"学习"，"两个基本点"即"卫生和纪律"）；班级文化思想："融以至高"；班风："正和雅健"；班训："明德，崇智，博学，笃行"；班级精神："鸿雁精神"。针对这样的管理制度，他提出了"一体四级"并列管理制。分为班主任、班干部、学生、家长四级。

第一级就是班主任。班主任是集班级灵魂、智慧、精神于一体的代表，是班级CEO，彻底的执行者。有奖有罚，尽量做到民主、科学。魏书生在著作《魏书生班级管理艺术》中说："民主像一座搭在师生心灵之间的桥，民主的程度越高，这座连通心灵的桥就越坚固、越宽敞，学校工作和班级工作应最大限度地依靠民主管理和制度管理，少一些人治，少一些无效劳动。"因此，在考核中，每名同学基础分100分，依据本班具体情况进行加、减分。以90分为标准，周考核成绩低于标准定为"不合格"，周考核成绩高于100分定为"优秀"。一学期内"不合格"达4次者不得评为文明学生和三好学生，"优秀"达8次者定为文明学生，可参评三好学生。连续四周考核成绩低于90分者报政教处要求警告处分并通知家长。学期考核成绩低于90分者，不得评为文明学生和三好学生。对学年考核成绩较好者要表彰奖励。期末进行优秀班干部、优秀个人、文明学生评比时，参考每月量化管理得分，并将本学期表现情况装入个人档案袋。这项工作要坚决执行。

第二级是班干部。班干部是班级管理的直接执行者，必须按照"班级宪法"逐条落实各项策略，带领班级朝着奋斗的目标（建最好的班级，创最好的成绩，考最好的大学）前进。

第三级是学生。学生根据班级的管理制度，在班干部的直接监督和带领下规范自己的言行，做好班级的每一件事情，落实好自己的学习任务，完成自己的各项计划。

第四级是家长。家长是班级管理的主要合作者、执行者。是班主任的另一条腿，班主任将学校管理制度、班级管理制度告知家长，家长及时监督孩子的各项工作，确保学生的每天正常生活、学习。

以上四级我可以称为标准化"一体四级"并列管理制。恒大集团总裁许家印认为："标准化建设，是企业形成良好的管理模式和企业文化非常重要的一步。"恒大特色的经营管理模式和完善的管理体系，是恒大快速发展的关键所在。

二、T

"T"即"团队（team）"。其解释是：根据团队的目标对团队成员进行适当的训练，提升他们的能力，从而提高他们的士气。一个真正的团队应该有一个共同的目标，其成员之间的行为相互依存、相互影响，并能够很好地合作，以追求集体的成功。"成功靠朋友，成长靠对手，成就靠团队。"团队大于一切，我们的梦想超乎一切。在"C+T=B"班级管理模式中，我提出了"一团四队"制。

第一团队，即"教师团队"。"教师团队"包括包班领导、班主任和任课教师。包班领导是这个团队的引领，班主任则是这个团队的精神（责任感、认真和执着）和动力。明确班级奋斗的目标及梦想（建最好的班级，创最好的成绩，考最好的大学），协调所有任课教师的各项工作（调课、学生辅导、学生管理、家长沟通等），凝聚他们的力量，让他们看到这个班级的未来和愿景，从而达到心灵上的契合与精神上的共鸣。

第二团队即"班干部团队"。班干部是班级的核心，是班级的肌体、基因和血脉，他们决定了一个班级的性格、特质和生命力，是决定一个班级能够走多远的内在力量。因此，只有班干部精诚团结，高度有效地运作，才能保证班级良好的学风、班风良性循环。他非常重视班干部的选用和培养，注重唯才是用。人大附中校长、著名教育家刘彭芝说："如何才能做到激发与激活呢？关键是尊重。尊重是创造的源泉，你只有尊重校园里每一个人的个性特点，尊重他的发展诉求，才能发现他的亮点，千方百计地为他搭建平台，让他实现梦想，活出精彩；这个学校才会涌动着不竭的创新活力，才会出现教育奇迹。"因此，他尽量把热爱班级、有责任、能胜任的学生提拔为班干部。在管理上，主要采取的是班长负责制，实行"一班三会五部"管理体制。"一班"是"班委会"，下设"三会"，分别是班级委员会、监察委员会、团委。"班级委员会"下设"五部"，分别为学习部、安全部、纪律部、环境部、德育部、文化部，由1名部长和5名委员组成。"监察委员会"由1名主任和2名委员组成。团委由书记、组织委员、宣传委员3名同学组成。马云认为：一根棍子容易断，一捆棍子就很难折断！很多时候一个人的力量是有限的，一个分工明细的团队能发挥出比一个人高数倍的效率！所以，这种模式整体形成了"人人有事干，事事有人干，时时有事干，事事有时干"的管理效应。

第三团队为"学生团队"。学生团队是主体团队，是最终实现目标的主要载体。关于学生团队，他提出了12字方针，即"相互扶持，坦诚相待，共同进步"，应形成一个温暖、温馨、和谐的大家庭。魏书生非常重视赏识教育，认为"尊重学生，理解学生，关心学生"尤为关键。因此，尊重学生，让学生感受到被爱，就会为班级的融洽、融合奠定基础。只有同学之间融洽了，融合了，才能形成一个整体力量，尤其到了高三，这股力量势不可当。

第四团队即"家长团队"。《国家中长期教育改革与发展规划纲要（2010—2020）》要求建立中小学家长委员会，以推进现代学校制度建设。《纲要》提出："中小学还要建立家长委员会，不断完善学校科学民主决策和评价机制。"因此，家长团队是班级管理不可或缺、不容忽视的一个重要团队。尤其是高三的家长团队，只有取得家长的信任、理解、支持，才能保证孩子的成功。他的做法是建立家长委员会，由一名家长担任主任，五名家长担任委员（东西南北中方位选定）。班主任和家长委员会时常沟通，及时了解学生状态，然后在家长群里告知情况（QQ群），再利用家长会（学校组织和班级临时组织）全面相互了解、沟通，采取相应的措施办法，确保学生的生活、安全、学习都能正常进行。

三、B

"B"即效益（benifit）。效益是指效果与利益，也指项目对国民经济所做的贡献，它包括项目本身得到的直接效益和由项目引起的间接效益。对于教学来说，就应该是学生的总体发展。对于高三学生而言，就是高考成绩。他在提高成绩方面提出了12字原则，即"均衡发展，整体推进，唯线是上"。具体做法有以下三个方面：

（1）制订详细的学习计划，确保每天有任务。学习计划的制订和落实是保证学生认真备考的主要工作。每次月考之后，班主任首先让学生根据自己的实际情况查找每一科具体存在的问题，认真分析问题的原因所在，然后写出详细的下个月学习弥补计划，并根据全班学生名次确定下个月奋斗的目标和达到的名次。班主任根据学生的计划，协调任课老师再次确定每个学生的计划是否合理科学，对于需要修改的，提出精准的计划调整建议，学生再次修正后，班主任签字，家长审阅并签字，最后贴在家里书桌的突出位置，家长拍成照片，发到家长群里。除了交流之外，班主任每天对学生的学习情况进行监督，对于没有按照计划落实的作业，班主任除了在家长群里通报，还要按照班级常规管理进行严格考核。这样，每次月考成绩均有不同程度的提升，尤其是数学和理综，提升幅度较大。

（2）做好帮扶学习。帮扶学习是高三学生必要的措施。首先是师生帮扶。班主任根据班级学生学习的实际情况，对学生进行层次划分，有些学生需要拔高辅导，有些学生需要加强基础，有些学生需要偏科辅导，各不一样，因此，班主任应协同学校安排的包班领导及任课教师，认真分析学生情况，给每位老师安排辅导对象，并制订帮扶计划，制作相应的辅导表格。学生对每一次的老师辅导进行详细的记录，并写出心得体会、更正措施、学习效果等。班主任定期检查、核实并纳入学生考核。其次是生生帮扶。班主任根据学生的实际情况，对班级的所有学生进行结对帮扶，主要是针对某一学科进行安排，列出详细的安排表，学生制作相应的相互学习计划表，对每一次的学习进行记录，并写出体会、收获。班主任安排学科组长进行督查，班主任抽查，然后进行周周总结、周周通报，对没有落实的学生进行严格考核，对于做得好的学生进行表扬，并在全班进行经验交流。

（3）科学安排学习时间，争取时间保证。本杰明·富兰克林成年后，每天都会专门抽出一个小时用来学习。后来人们称之为富兰克林的5小时原则，即从周一到周五每天保留一小时给自己。巴菲特每天花5到6个小时阅读5份报纸和500页公司报告。比尔·盖茨每年阅读50本书。扎克伯格每两周至少读一本书。脱口秀女王奥普拉将她的大部分成功归功于书籍："书籍是我个人自由的通行证。"家得宝的联合创始人亚瑟·布兰克每天都会花2小时时间阅读。白手起家的亿万富翁丹·吉伯特每天阅读一到两个小时。富兰克林的"5小时原则"说明了一个很简单的道理：最聪明、最成功的人，其实正是能够持续用心学习的人。

因此，闫老师认为，学生要在高三取得成绩，用足时间是关键。学生在校的时间是固定的，除了充分保证课堂45分钟，向课堂要质量之外，班主任应引导学生用好剩余时间。比如，早晚两小时的使用，也就是早上提前一小时起床，按学习计划，重点背诵、识记需要记忆的知识点，如语文学科的背诵篇目、英语学科的词汇、生物学科的知识点等；下午一小时指放学以后，晚饭之前的时间段，加强对弱势学科的学习与查漏补缺。这样坚持，每个月就有60小时的学习时间，足以保证对高考识记内容的强化。另外，充分利用好早自习之前的半小时（各学校不同），如早自习的时间是7：30至8：00，而学生到校的时间大多在7点左右，这样，早自习之前就有半小时可以利用，可以在星期一、三、五安排数学、物理、化学，星期二、四、六安排生物，而正常的早自习学习安排则一般为语文和英语，如此就足以保证每门学科均衡发展，对取得综合成绩有良好的效果。对于每天在校学习的内容，班主任可协同任课老师商定，任课老师确定任务，班主任监督、落实。效果非常明显。

《孟子》曰："尽其心者，知其性也；知其性，则知天矣。"意思是说，人的心性来自天赋与天相通，只要发挥主观能动性，尽量扩充自身善端，就能达到天人合一的境界。因此他说，只要我们班主任用心管理，班级就能管好；用爱去教育学生，学生就能学好。

袁金星老师

袁金星是我校的数学老师。他没有显赫的职位，却是一名优秀教师；他没有耀眼的光环，却是一名优秀班主任；他没有惊天动地的壮举，却有献身教育的踏实认真；他没有夺目的外在形象，却有正直、善良、谦和、质朴的内心世界；他没有治理天下的雄心壮志，却有把党的教育事业作为自己崇高使命的胸怀。他对理想的执着与对责任的坚守，赢得了广大师生深切的尊敬和爱戴；以自己实实在在的工作，树立了教育行业的典范。

1. "德之不修，学之不讲"，注重师德，感染学生

袁金星老师具有高度的个人修养和人格魅力，时时事事体现出可贵的社会道义感和历史使命感。作为教师，他在授业解惑的同时，努力实践着诲人传道的使命。他经常说，作为老师，高尚的道德情操才是第一位的，"德之不修，学之不讲""身正才能言正，身教重于言教"。他以自己高尚正直的道德操守为学生做出了最好的示范，感染着每一个学生。他满腔热血，求真务实，爱岗敬业，有极强烈的责任感；他淡泊名利，平易近人，追求平凡中的不平凡、平常中的不平常；他正义、仁爱、良知，而不热衷荣誉、权力、地位。他把学生、教学、教师、教育融合在一起来认识和体验幸福，视学生为创造幸福的合作者，视教学为一门艺术，视教师为高尚的职业，视教育为毕生的事业。他以学生的全面发展为幸福，以自我不断发展完善为幸福，以教育的不断进步为幸福。

2. 用爱心、耐心、细心把每颗心串联起来，构架起心灵的桥梁，构建起学生成功的阶梯

教学工作含辛茹苦，作为数学专业的教师，袁金星老师认为，数学教学不应仅仅是关于如何解题的教学，更主张培养学生的整体素质和情怀。

在教学中，他主张坚持认真备课，优化课堂教学；立足课本，夯实基础；因材施教，全面提高；加强应试指导，培养非智力因素。他认为，教学犹如农民种地，不认真耕耘，何来颗粒？教学亦如此。因此，他每一节课都要查阅大量资料，每一道题均要反复研究其解法，尽量给学生找出最简解法，并归纳规律，达到举一反三的效果。上课精讲，是他一贯的做法，他要求学生"抬头看，对眼听，低头练"。自己对数学中的每一个数字、符号都要非常规范地书写。他认为，板书是最好的样板，其潜在意义就是以身示范。只要自己做到近乎完美，才能严格要求学生。而精心批改作业更是他教学的重中之重，对于学生出现的任何问题，都要当面给学生纠正。他每天对每一个同学的作业都会详批，指出不足，肯定优点；既有表扬与鼓励，也有批评与鞭策。一句简单的红字评语是他批改学生作业最大的亮点，也是每一个学生每天的期盼。他的原则是要让所有的学生都能有所收获，使不同层次学生的能力都能有所提高。作为高三老师，因学习的特殊性，袁金星老师平时对学生的每一次练习、测试都不轻易放弃，始终认真进行讲评，注重培养学生的应试技巧，提高学生的得分能力，如对选择题、填空题始终注意寻求合理、简洁的解题途径，力争"保准求快"；对解答题要求规范作答，努力做到"会而对，对而全"，减少无谓失分；指导学生经常总结临场时的审题答题顺序、技巧，总结考前和考场上心理调节的做法与经验，力争找到适合自己的心理调节方式和临场审题、答题的具体方法，逐步提高自己的应试能力；帮助学生树立信心，纠正不良的答题习惯，优化答题策略，强化一些注意事项。就这样，他怀着一颗真挚的爱心，一腔沸腾的热血，以严肃的面孔精心教导每一个学生，然后不断反思，总结切合学生实际的教学方法。功夫不负有心人，他的教学成绩逐年提升，在近年高考中，始终排在红古区数学成绩第一名，兰州市名列前茅，被所在单位（本单位连续高三把关教师）树为教学标兵，被红古区命名为教学名师、教学先进个人，真正体现了"你不负教育，教育绝不负于你"的道理。

3. "千教万教，教人求真；千学万学，学做真人"，班主任工作呕心沥血

袁金星老师认为，教书是老师的天职，不能有丝毫松懈和马虎，因为我们只看到学生的现在，看不到学生的将来，只有把教学和育人紧密结合起来，才能培养出具有高素质、全面发展的人才。自参加工作以来，因为高尚的人格品质和高度的教育使命感，学校对他委以重任，从2011年开始，连续7年担任高三班主任。作为班主任，他勤业、敬业、精业；他宽容、民主、公正；他严中有爱，爱中有法；以"细心、认真、踏实"作为自己的工作特点，以"让每一个学生都能得到进步、发展、提高"作为自己的工作目标。

他说："选择了班主任工作，就意味着选择了'良心、责任、付出、奉献'；做班主任工作，做的是小事，成就的是大事。"作为班主任，他以陶行知先生的名言"千教万教，教人求真；千学万学，学做真人"作为自己的励志格言。他认为，教师作为现代进步教育思想的实践者，应牢记陶行知先生的话，教学生求真知，学真本领，养真道德，说真话，识真才，办真事，追求真理，做真人。以"真"字作为自己的立教之本，教好书，育好人。因此，他一方面从自身做起，时时事事真教、真做；处处以身作则，以己为范，以真对待每一个学生，潜移默化影响学生。另一方面，他尤为重视学生的自我管理，"给学生一片天空，让他们去创造"。班级的很多事情，他都一一落实到每个学生，让每个学生有事做，让每个学生都成为班级主人。虽然他近年一直带高三毕业班，但绝不因为高三而只顾学生的成绩。他认为，只要把学生的整体素质提上去了，不愁成绩上不去。经过多年的努力实践，事实证明，他所带班级的整体成绩，每年高考都是高三年级第一名，班级考核每周都得到学校颁发的"流动红旗"，他本人每年荣获学校优秀班主任，多次荣获区优秀班主任。如此优异的工作成绩，他被兰州市教育局评为优秀班主任！他"捧着一颗心来，不带半根草去"。在做这些的时候，袁金星老师享受了教育的过程！

4."知识宝库的大门，对于每个有志于研究的人，都是敞开着的"，教研工作从不懈怠

袁金星老师认为："教学和研究是分不开的，如同硬币的两面。"因此，他在严谨教学的同时，时刻不忘教研工作。他的案头、床头时刻整齐地摆放着教育类、数学专业的各种资料，如《数学教学通讯》《数学教学》《数学学习与研究》《中学数学教学研究》《班主任》《班主任之忧》等，在翻阅时，做笔记成为固定习惯，多年如一日。备课时，他对不同资料的同类题进行整理，对普遍性的规律予以归类，并用不同颜色的笔迹做标记；每一节课结束后都要做课后反思，对学生的听课、学习情况、教学过程中的得与失，均会做翔实的记录并分析原因，以便在下节课中予以更正。他经常引用名言："新时代的教师，既是创造者，又是学习者；既是教育者，又是研究者；既改变旧的教育模式，也改变自己。"告诫自己："作为老师，一定要进行教学研究，只有研究，才能发现自己教学的不足，才能有新的知识，新的教育思想、教育理念补充自己，才能借鉴名师、名家的教学经验和班级管理经验，从而完善自己，改进自己。尤其作为高三老师，应细心推敲高考内容四个不同层次的要求（了解、理解、掌握、灵活运用和综合运用）；精心推敲要考查的数学思想和数学方法；在复习基础知识的同时注重能力的培养，充分体现学生的主体地位，将学生的学习积极性充分调动起来。"他是这样说的，也是这样做的，而且做得很好，成为全校老师的楷模。做老师十余年，他记了几十本笔记，完成教学论文、德育论文多篇，被誉为新时期教学教研模范。

从以上两位老师的一番作为，我们能深切感受到做老师的幸福和教师这个职业的荣耀。

教师职业之策略

有人说，教师是"太阳底下最光辉的职业"，教师是"人类灵魂的工程师"，教师是"蜡烛"，等等。一方面，在传统的文化价值体系中，社会和家长给予了教师职业诸多赞誉。随着素质教育的实施和人们对教育的日益重视，人们对教师提出了更高的要求和期待。于是，教师就不断以为人师表、甘为人梯、诲人不倦等诸多准则去要求自己。在这种社会环境下，造成了教师的精神压力远远大于社会其他职业。另一方面，极个别教师的恶劣行径，如"范跑跑事件""某某教师侵害女学生"等，致使教师群体的声誉被社会所质疑。人们对教师职业的角色期望过于理想化，导致一旦发现教师的行为与希冀的不相同，便会毫不掩饰地表达对教师的不满和愤懑，甚至对教师进行无端的指责。在这种自身德行和社会总体的期望不一致的情况下，教师的压力在不断变大，致使教师职业幸福感不断下降。

那么，如何才能让老师这个职业有幸福感？第一，社会上要对教师职业的期望回归理性。长期以来，人们对教师职业的期望过于理想，以近乎"完人"的标准去要求教师群体，忽视了教师也是凡人，他们也有七情六欲，也会犯错误。教师首先是个人，然后才是教师。在全社会强调教师的奉献精神和孜孜不倦的同时，也要把对教师的期望回归理性，多关注教师的物质需求和精神需求。现有教师的各方面难以满足现实教育的需求，过高的期望会导致教师群体的压力增大，进而影响教师的工作热情。人们在看待教师职业时要以理性的态度去看待，首先将教师看作一个普普通通的人，并不是一个完美的人，教师也可以犯错，我们应该以宽大的胸怀去包容和谅解他们。另外，也需要创造条件打破教师职业的种种束缚，以提升教师职业的幸福感。第二，从自身出发，主动提升自身的认知水平。随着时代的变革和发展，知识经济逐渐浮出水面，社会对人才培养的要求不断提升，对教师的要求也相应地逐步变高，新的教育理念不断提出和更新，原有的教育方法已经不适合时代的发展。因此，教师自身要与时俱进，不断提升自身的认知水平和职业素养，调整自身的角色定位，强化服务意识，主动适应社会发展的需要。只有明确自身定位，教师才会在实际教学活动中慢慢体悟到自身的价值，进而享受到更高的教师职业幸福感。第三，学校方面，实施人本化管理和建立完善的评价机制。学校应该实施人本化管理方式，充分尊重教师个性和尊严，尽力满足教师作为一个个体的各种需要，不得违背教师的生活和成长规律，硬性安排一些课题或者过度规划教师的任务。在学校范围内给教师建立一种和谐融洽的工作环境，进而营造出一种充分的幸福氛围。另外，需要注意引导和培养教师，使之形成一种乐观积极的心态去面对教学过程中的诸多挑战。教师的评价体系不能片面地以学生的学业成绩等量化标准作为单一评价指标，要建立完善的多元化评价体制。例如，提高学生群体的评价能力，学生作为教师教学的主要对象，其评价的质量将会对多元评价制度的实施产生至关重要的影响。学校在评价过程中要不断加强学生评价能力的培养，充分发挥学生评价的价值，并且不断优化其他环节评价，不再将教师的评价标准建立在教学成绩这一单一量化标准上。确保教师多元评价制度的实施，只有建立公平、公正、科学、多元的评价体系，才能真正促进教师的发展，进而提高教师的职业幸福感。

未来智能化——思路之创新

智能化教学与智慧化校园

智能化是指事物在网络、大数据、物联网和人工智能等技术的支持下，所具有的能动地满足人的各种需求的属性。比如，无人驾驶汽车就是一种智能化的事物，它将传感器与物联网、移动互联网、大数据分析等技术融为一体，从而能动地满足人的出行需求。它之所以是能动的，是因为它不像传统的汽车，需要被动地人为操作驾驶。智能化是现代人类文明发展的趋势，要实现智能化，智能材料是不可缺少的重要环节。智能材料是材料科学发展的一个重要方向，也是材料科学发展的必然。智能材料结构是一门新兴的多学科交叉的综合科学。智能材料的研究内容十分丰富，涉及许多前沿学科，高新智能材料在工农业生产、科学技术、人民生活、国民经济等方面起着非常重要的作用，应用领域十分广阔。

2010年，在信息化"十二五"规划中，浙江大学提出建设一个"令人激动"的"智慧校园"。这幅蓝图描绘的是：无处不在的网络学习，融合创新的网络科研，透明高效的校务治理，丰富多彩的校园文化及方便周到的校园生活。简而言之，"要做一个安全、稳定、环保、节能的校园"。2018年6月7日，国家标准《智慧校园总体框架》发布。智慧校园指的是以物联网为基础的智慧化的校园工作、学习和生活一体化环境，这个一体化环境以各种应用服务系统为载体，将教学、科研、管理和校园生活进行充分融合。2018年12月，西安市教育局发布了中小学智慧校园建设标准，在全市启动中小学智慧校园创建工作。其有三个核心的特征：一是为广大师生提供一个全面的智能感知环境和综合信息服务平台，提供基于角色的个性化定制服务；二是将基于计算机网络的信息服务融入学校的各个应用与服务领域，实现互联和协作；三是通过智能感知环境和综合信息服务平台，为学校与外部世界提供一个相互交流和相互感知的接口。首要目标是通过物联网技术，链接校园网中的各个物件。从技术上来说，智慧的地球涉及运用RFID、二维码、视频监控等感知技术和设备。但是，"智慧校园"到底是什么？作为一个崭新的概念，不同的提出者给予了不同的诠释，这现象类似于当初的云计算。厂商的参与使得"智慧校园"与特定的产品捆绑，如由江苏省电信所倡导的"智慧校园"，其重要载体是校园"翼机通"；中国电信的宣传文章中写着，"通过融合物联网与3G技术的信息化应用平台，'翼机通'手机集门禁卡、借书证、零钱包等用途于一身"。同样可以预见的是，在运营商对学校市场高度青睐的今天，有可能下一个从"智慧校园"中分得一杯羹的会是移动或者联通，或是微校通。他们同样会对"智慧校园"有基于自身产品的诠释。因此，相关质疑避免不了：由厂商所提出并且实施的"智慧校园"是否可以让高校的信息化健康、稳健、可持续发展？江苏某高校一位信息化工作者旗帜鲜明地表示："由厂商主导的'智慧校园'和以前由银行主导建设的一卡通存在同样的机遇和问题。"此外，智慧校园与数字校园的区别是什么？这几乎是每个接触到"智慧校园"概念的人共同的问题。一些人认为，"智慧校园"是数字校园升级到一定阶段的表现，是数字校园发展的一个阶段。由此，可以看到的是，"智慧校园"的基石是前期数字校园的建设与发展。也就意味着，"智慧校园"首先要有一个统一的基础设施平台，要拥有有线与无线双网覆盖的网络环境；其次，要有统一的数据共享平台和综合信息服务平台。目前，社会上流行的主要智慧产品有：智能校门、云数据平台、人事考勤、访客登记、校园呼叫、信息发布、门禁安防综合智能管理值班室。校园门禁是集校园内宿舍、教学楼、图书馆、体育场、设备房、仓库、机房、实验室、办公室使用的门禁控制设备对接通道闸机等各式控制模式。智慧班牌是集合数据收集及数据共享的信息化平台。成功的应用案例有手机开门，"宿舍钥匙、抽屉钥匙、教室钥匙……一大串，每次打篮球都会忘记带，但是自从我认识物联网后，再也不用担心因为没带钥匙而被'拒之门外'了，手机也能开门。"鹰潭某学院工管专业的小陈同学津津有味地说。说罢，他从口袋里拿出手机，在门禁读卡器前轻轻一晃，"嘀"的一声，宿舍门开了。小陈还表示，除了宿舍门外，教室门、办公室门都能通过这款"翼机通"手机打开。同时，学校还借助门禁子系统对持卡人权限进行管理，大大提高了身份识别的安全性。手机借书，今天没带借书卡，就没办法去图书馆自习、借阅、归还了……有了"物联网"，你不必再纠结。物联网智慧校园系统全面对接图书管理系统，将用户借阅信息读入手机卡中，使用这项业务的手机用户可以轻松实现图书的借阅、归还，还可通过短信完成查询、预约、到期提醒、续借等增值服务。手机考勤，智慧是具有时代标度的，当今时代的智慧分为初级和高级两大层次，初级智慧是指辨析判别的能力，高级智慧是指发明创造的能力。传统教育主要着眼于提升人们辨析判别能力的初级智慧，停留在培养"能迅速、灵活、正确地理解事物和解决问题的能力"的智慧层次上，而在培养当今时代所需要的以发明创造为特征的创新智慧方面做得远远不够。我国如此，世界其他国家亦如此。

2015年年末，北京师范大学主办了一场中美教育对话会，美国管理学大师彼得·圣吉教授在会上说，当今美国仍然在采用训练流水线工厂里工人的初级工业化时代的教育方式。我国教育学泰斗顾明远教授则认为，我国教育的问题，有过之而无不及，不光存在初工业时代教育的弊端，还有封建思想的。美国新媒体联盟2014年发布的地平线报告，预测未来3年美国学生将由知识的消费者转化为知识的创造者，这从侧面说明美国现存的教育也未能很好地培养创新创造者。"钱学森之问"更是历史性地将我国教育未能很好地培养创新创造人才之弊端，以震撼的方式展现在世人面前。当今时代是强烈呼唤创新创造的时代，我国将创新驱动战略置于国家发展战略之先，将创新置于新发展理念之首，提出创新是引领发展第一动力的科学论断，不断明晰世界创新强国的建设目标，是对走向智慧时代智慧本质洞察的时代回应，顺应了时代发展潮流。教育要适应时代，教育要服务于国家发展大局，相应地。应智慧时代而生的智慧校园的本质应该在于两个方面：一是支撑与服务于教育方式、教育模式、教育流程的创新、重构、再造；二是支撑与服务于创新创造人才的培养。离开这两个"支撑与服务"，创新所建设的一定不是智慧校园。

智慧校园云平台以丰富的云基础设施，虚拟计算资源、虚拟存储资源、虚拟网络资源、云管理和云安全服务于学校各级部门，提供了一个功能完整的、标准开放的、方便集成的IaaS服务层，提供海量数据的存储、处理和分析，为学校各部门集中提供基础的信息处理能力，承接各部门的应用系统迁移和部署，实现相关云数据中心的资源整合、集中部署与统一管理。

云平台技术已经延伸到学校的各个层面，它将所需的软硬件设备进行集中管理，利用虚拟化技术实现任意的组合搭配，把每个物理服务器虚拟化成若干个虚拟机、操作系统和数据库等系统软件运行，从而解除应用系统与硬件服务器绑定，以达到对硬件资源动态分配、按需使用、统一管理、动态迁移、负载均衡等目的。云计算是一项新兴技术，产业发展还不够成熟，相关标准也不够完善，在建设过程中一定要充分考虑其前瞻性、可用性、安全性和开放性。建设智慧校园必须从基础做起，建立底层的IaaS。只有把基础打好，才能更好地为将来智慧校园的应用建设和数据整合进行服务，以及向管理者、学生、教师、家长和社会公众提供更好的服务。

智能教学之案例

以我校闫永平老师教育信息化作文教学为例。闫永平老师以《教育信息化十年发展规划（2011—2020年）》为指导，提出了"1+N+2"作文教学模式。

《教育信息化十年发展规划（2011—2020年）》明确了当前教育信息化

的重点是融合、创新、智能、大数据等。因此，2.0时代的核心就是以教育信息化的手段全面推动教育未来的现代化，对教育的整体品质予以全面提升，充分构建新时代教育的新生态，对传统教育教学予以彻底的颠覆和摧毁。然而就目前的教育现状而言，大部分教师还处在教育信息化1.0时代，也就是还处在资源配置及如何应用等流程上，很明显，已经跟不上教育发展的实际情况。为此，笔者就语文学科作文教学进行了信息化教学模式探索，研究出了"1+N+2"作文教学模式，此模式是教育信息化2.0背景下的全新作文教学模式，完全改变了传统的作文流程式的教学环境，将作文教学信息化、现代化，实现网络作文教学资源的共建和共享，最大特点是教学全程网络化、信息化、智能化、数字化。其目的是以网络为平台，通过教育信息化，提高学生写作水平，提升学生语文素养，全面提升教育品质，构建新时代作文教学新生态。

教育信息化2.0时期"1+N+2"作文教学模式分三个层次：学生个体，网络共享，学生和老师一对一。具体来说，"1"即学生个体；"N"即网络资源共享（Network resource sharing）；"2"即"一对一"辅导。总体要求是：首先，任课教师必须创建精美网页，精心设计丰富而实用的写作教学相关栏目，如学生主页、老师主页、课程设置、教学资源、作业布置、佳作欣赏、成绩评估、交流天地、学籍管理、家校互动、今天作业、课堂在线等，如表1所示。其次，所有作文教学（查看写作题目—自主学习—网络资源共享—师生交流—老师批阅并提出修改意见—学生完成作文并上传—老师再次批阅给出等级或分数）全程网络进行。最后，平时相关写作信息在QQ或微信群里交流。老师应针对教育信息化，科学管理教学过程，最终目的是提升学生整体写作素养。

表1 "1+N+2" 作文教学模式网页（教师主页）设计

教师主页（百度、新浪、搜狗）	学生主页	男生	
		女生	
	课程设置	语文教学	课件（在线）
			教案（在线）
		作文教学	课件（在线）
			教案（在线）
	作业布置（网络、QQ、微信）	作文作业（题目、要求、信息来源、完成时间）	
		语文作业（题目、要求、信息来源、完成时间）	
		素质作业（题目、要求、信息来源、完成时间）	
		国学作业（题目、要求、信息来源、完成时间）	
	教学资源（网络、QQ、微信）	作文资源信息（网站、好友、图书、资料等）	
		语文资源信息（网站、好友、图书、资料等）	
		国学资源信息（网站、好友、图书、资料等）	
		素材资源信息（网站、好友、图书、资料等）	
	佳作欣赏	文学佳作（作家、学生、老师、网络文章等）	
		教学佳作（作家、学生、老师、网络文章等）	
		自我佳作（下水作文、教案、课件、教学实录等）	
		作家佳作（国外作家、国内作家、校园作家等）	
	成绩评估	评估一（批阅反馈定稿）	学生分数等级
		评估二（批阅反馈定稿）	学生分数等级
		评估三（批阅反馈定稿）	学生分数等级
		评估四（批阅反馈定稿）	学生分数等级
		总评（学生评、老师评）	学生分数等级
	学籍管理	第一年	第一学期
			第二学期
		第二年	第一学期
			第二学期
		第三年	第一学期
			第二学期

"1"：学生个体

《国家中长期教育改革和发展规划纲要（2010—2020年）》强调，"优质数字教育资源服务基本满足信息化教学需求和个性化学习需求，网络（network）学习空间应用普及，实现'一生一空间，生生有特色'"。《基础教育课程改革纲要（试行）》提出，要"改变课程实施过于强调接受学习、死记硬背、机械训练的现状，倡导学生主动参与、乐于探究、勤于动手，培养学生搜集和处理信息的能力、获取新知识的能力、分析和解决问题的能力，以及交流与合作的能力"。因此，"1+N+2"作文教学模式中的"1"特别重视"一生一空间，生生有特色"的主导思想，整个过程充分发挥学生个体能力，以学生个体为主体，老师为主导，通过网络信息予以指导，以优质的数字资源满足每一名学生的学习需求。以兰州市第十八中学所带班级网络作文教学为例：本班学生共计50人，通过注册每个同学建立了本人的学习网页，并给自己精心设计了名称，诸如"写作轩""风清明月屋""春风化雨宅""我爱写作"等，有的诗情画意，有的暗含深意，有的直抒胸臆，各有千秋。在自己的网页上除了固定的几个栏目（课程设置、教学资源、作业布置、佳作欣赏、成绩评估、学籍管理）之外，可根据自己的喜好设置相关栏目，如"好友链接""名师在线""发表园地""考试信息""学籍管理""我的图书馆""成长足韵"等，还可留言、可交流、可发纸条，如表2所示。这样，不仅大大增强了学生学习的兴趣，充分发挥了学生的主体作用，学生收集和处理问题的能力也得到了很好的培养，真正实现了"一生一空间，生生有特色"。

表2 "1+N+2"作文教学模式网页（学生主页）设计

学生主页（百度、新浪、搜狗）	写作小轩	文学作品（诗歌、散文、小说、随笔等）	
		议论文（层进式、并列式、对比式等）	
		应用文体（指导类、报告类、计划类等）	
	考试信息（网络、QQ、微信）	期中考试	试题收集（网络）
		期末考试	试题收集（网络）
		每月考试	试题收集（网络）

学生主页 （百度、 新浪、 搜狗）	好友链接 （网络、QQ、 微信）	本班好友（写作交流、资源共享）	
		本校好友（写作交流、资源共享）	
		校外好友（写作交流、资源共享）	
		名校好友（写作交流、资源共享）	
	名师在线 （网络、QQ、 微信）	本校名师（习作答疑、资源提供）	
		校外名师（习作答疑、资源提供）	
		本班名师（习作答疑、资源提供）	
		网络名师（习作答疑、资源提供）	
	发表园地	作业上传（作文初稿、修改稿上传）	
		作文在线（同学作品、好友作品，网络作品）	
		作品发表（文学作品、作业作文、相关杂志）	
		佳作欣赏（同学作品、好友作品，网络作品）	
	我的图书馆	文学类（诗歌、散文、小说、随笔、杂文等）	
		科技类（建筑类、机械类、智能类等）	
		应用类（指导类、报告类、计划类等）	
		作家类（国外作家、国内作家、网络作家、校园作家）	
		创作类（诗歌、散文、小说、随笔等）	
	成长足韵	第一年	第一学期（数据统计）
			第二学期（数据统计）
		第二年	第一学期（数据统计）
			第二学期（数据统计）
		第三年	第一学期（数据统计）
			第二学期（数据统计）

"N"：网络资源共享（Network resource sharing）

《教育信息化十年发展规划（2011—2020年）》强调，"到2020年，基本建成人人皆学、处处能学、时时可学，与国家教育现代化发展目标相适应的教育信息化体系，基本实现教育信息化对学生全面发展的促进作用"。教育信息化2.0最大的特点是资源共享，以及智能、大数据的应用。"1+N+2"作文教学模式中的"N"特指全方位的网络信息资源共享，包括某一专题设计的素材、相关内容、老师信息、学生信息，甚至国内外的充分发挥信息技术在教育教学方面的应用，经过查找、学习、交流，然后将整理后的网络（network）信息与作文教学深度融合，形成一种全新的作文自学新模式。以兰州市第十八中学所带班级网络作文教学为例：本班50名学生，每个同学在和本班学生建立了深度交流的同时，联系其他好友超过了百人，包括名师、名校、名资源网站等，每个栏目丰富多彩，内容多样，基本形成了"人人通""网网通"。当老师在微信（We Chat）或QQ群里或课堂中布置了作文题后，学生将在60分钟内完成作文。学生先利用20分钟时间审题，判断出作文驱动思维及驱动任务，确定写作思路，安排写作结构。在充分利用手头已有资料的基础上，在网络上进行资料收集、筛选，确定写作素材；通过听取老师写作辅导，和名师互动，与学生、好友交流，确定写作方法，然后快速在"我的作文库"里创作。写作时间不超过40分钟。作文完成后按老师规定的时间上传至老师主页"学生作文"栏目，等待老师批阅，提出修改意见。这时，学生的作文只要是好友均可相互欣赏、相互学习。自2016年至今，每个学生都有了自己的学习空间，上传作文平均74篇，老师主页定稿52篇，搜索网络信息3284条，发布各类交流信息4962条，省、市、区、校发表作品26篇，老师指导信息6453条。取得了很好的成绩。由此可见，通过全程网络，作文教学取得了非常好的效果，班级学生的作文部分被网络杂志采用，部分学生被聘外网络作家，真正形成了"人人皆学、处处能学、时时可学"的氛围。

"2"："一对一"

西安电子科技大学校长杨宗凯教授说："教育信息化2.0借助远程通信、人工智能等技术，提供丰富多样的教育资源和个性化的学习支持，实现随时、随地、随需学习。"因此，"1+N+2"作文教学模式以全面创建新型的网络教育生态为出发点，以形成开放多变的终身教育体系为落脚点，从而为学生全面提高写作水平提供优质的网络资源，搭建原生态的绿色学习平台。"1+N+2"作文教学模式中的"2"特指学生个体（1）和老师个体（1），也就是"一对一"辅导。学生将自己的作品上传至老师的主页"学生作文"后，这时，老师首先要认真地批阅，从题目的拟定、结构的安排、写作方法的采用、语言造句的合理及立意等方面予以评定，在相应的位置写好眉批、旁批、末批，对精彩的句子、词语进行勾画圈点。然后及时和学生个体取得联系，提出修改意见，并将优秀作品的优秀段落、语句，在"课程资源"或"精彩瞬间"等栏目予以展示。学生通过再次修改，将最终的定稿再次上传至老师相应栏目。这样，老师将全班的学生作文收集、编辑，形成本次作文专刊，以供大家欣赏、交流甚至收藏，并将特别优秀、有创意的作文推到相关网站或杂志进行发表。最后，老师针对每个学生进行期中、期末、年末三次成绩分析，主要从写作审题立意、写作方法、材料选用、语言造句、内容深度、写法创意、结构安排等方面进行综合考评，给出相应等级，并用图示予以反馈。依此类推，老师对全班学生都做了这样的成绩评估。这样，优秀的学生将更优秀，中间学生发展速度较快，中间偏后的学生有很大的上升空间。老师均给出了提高写作水平的相应措施，效果明显。这种以网络为平台，"一对一""一对多"的辅导模式，打破原来课堂作文课的专项讲解，全面推进信息技术在网络中的应用，充分利用网络资源，利用数字化的作文教学模式，不仅明显提高了学生的作文写作水平，开阔了学生的写作视野，更整体提升了学生语文综合素质。

总之，"1+N+2"作文教学模式是在《国家中长期教育改革和发展规划纲要（2010—2020年）》和《教育信息化十年发展规划（2011—2020年）》政策出台后首次全程在网络上进行作文的新的教学模式。是教育信息化2.0背景下的全新作文教学模式，完全改变了传统的作文流程式的教学环境，将作文教学信息化、现代化，实现网络作文教学资源的共建和共享。其不仅让网络信息、资源成为教学工具，更让信息技术和作文教学的过程深度融合，形成整体数字化、智能化，将现场教学、在线教学、远程教学紧密结合，让信息化支撑教学过程，为教学服务，从而全面提升教育品质，构建新时代作文教学新生态。

未来智能教学之策略

从闫老师的思考和做法来看，未来智能化教学、智慧教育将成为学校教育的发展方向。从目前的发展形势来看，智慧教育是依托新一代信息技术所打造的物联化、智能化、感知化、泛在化的教育信息生态系统，基于技术与教育的深度融合，实现教育的创新与变革是智慧教育追求的核心目标。智慧教育的出现驱动了教育理念、教学模式、学习理念和方式、教学管理和教学评价的变革。学校信息化管理成为教育信息化的重要组成部分，在智慧教育理念下，不仅要求学校重视先进技术的应用，更要求管理者在管理理念和制度方法上有所创新。

智慧教育是素质教育在信息时代、知识时代和数字时代的深化与提升，是培养创新型人才、智慧型人才、实践型人才的内在需求。作为新型的教育模式，智慧教育引领教育的创新和变革，其中包括教育理念、教学结构和教学模式、学习理念和学习方式、教育制度和人才培养模式、教学管理和教学评价等方面。作为社会信息化的重要组成部分，教育信息化是构建新型教育体系的必然趋势。信息化教育所能提供的虚拟数字化校园，依托丰富的网络信息资源，可以为学生提供更广阔的自主学习空间，也更有助于实施以学生为中心的资源性学习和创新性学习模式，以实现教育资源的优化配置和高效利用。智慧教育理念，借助网络学习资源的不断丰富，为学习能力强的学生提供了打通现实校园年级界限之间的壁垒，还能更好地将家庭教育、学校教育和社会教育融为一体。开放的学校教学资源库，改变了传统教育中课堂是唯一学习场所的状况，为碎片化学习和交互性学习提供了可能。

教学管理是管理者依据一定的教育思想，遵循教学规律和管理规律，对教学过程进行计划、组织、指挥、协调、控制，以实现学校教育目标的过程。

教学管理水平在很大程度上代表整个学校的管理水平，教学质量的高低也在很大程度上依存于教学管理水平的高低。教学管理信息化是指在科学的教育和管理思想指导下，利用现代化的计算机网络等信息技术，对教学过程进行管理，从而达到教学目标的过程。

笔者所在学校通过校园网的设施建设和教育应用功能开发，构建了一个集行政、教学、教研、体育特色为一体的学校信息化管理模型，最终实现了教育管理过程的全面信息化。笔者所在学校管理工作的主要内容侧重从教学、教研、体育特色系统管理，研究信息化教学管理，信息化教研管理，信息化体育特色系统管理的内涵和作用，尝试提出具体的实践创新方式，创新学校管理的理念，提高办学效益。

首先，建立资源库，构建资源平台，促进教育教学的发展。学校多方面引进网络教学资源，将网络直播教学资源全面引入。在引导教师充分利用现有网络资源的同时，学校购买了各种优质教育教学软件资源。同时，鼓励教师积极开发、参与学校资源库的建设，争取实现全部教材的电子化，资料配套化，真正实现资源库的共建和共享。

其次，建立网络管理平台，促进学校管理模式的变革。网络管理实现上下级部门之间更迅速、便捷的沟通和不同职能部门之间的数据共享与协调，提高决策的科学性和民主性，减员增效，形成充满活力的新型管理机制。

整个网络管理平台，将对教师和学生的管理、对教育和教学的管理与网络紧密地结合起来，发挥网络管理的短平快效应，以促进学校各职能部门之间、教师与学生之间进行工作、学习的快捷高效交流，加快学校、家庭、社会各层面的信息传递速度和效度，使校园与社会、校园与家庭更紧密地联结成一个综合的教育整体。

再次，构建运维管理体系，注重人才队伍培养。建立与信息校园建设相适应的、开放的、动态的管理制度，实行分级管理，是"信息化校园管理"建设的长效保障。同时，系统监控、系统管理、项目管理、维护服务等，是保障校园信息化系统安全可靠运行的重要支撑体系。

最后，提高体育特色信息化管理水平。

培训多元化——学习之创新

关于培训

所谓培训就是"培养+训练"，通过"培养+训练"使受训者掌握某种技能的方式。目前，国内培训主要以技能培训为主，侧重于行为之前。为了达到统一的科学技术规范、标准化作业，通过目标规划设定、知识和信息传递、技能熟练演练、作业达成评测、结果交流公告等现代信息化的流程，让受训者通过一定的教育训练技术手段，达到预期的水平提高目标，提升战斗力及个人能力、工作能力的训练都称为培训。培训是给有经验或无经验的受训者传授其完成某种行为必需的思维认知、基本知识和技能的过程。基于认知心理学理论可知，职场正确认知（内部心理过程的输出）的传递效果才是决定培训效果好坏的根本。简单理解，培训约等于教学，即对某项技能的教学服务。比如，一些专业的培训班，也可以理解为培训，即提供教学。我们都知道，普通的教育只能够提供一些基本的专业知识和层次很低的技能；面临规模化的企业发展，必须进行多次的技能培训，才能使员工逐步达到企业不断发展的要求。所以，组织为了提高劳动生产率和个人对职业的满足程度，直接有效地为组织生产经营服务，不断采取各种方法，对组织的各类人员进行教育培训投资活动。

美国经济学家、诺贝尔经济学奖得主舒尔茨发现，单纯从自然资源、实物资本和劳动力的角度，不能解释生产力提高的全部原因，作为资本和财富的转换形态，人的知识和能力是社会进步的决定性原因。但是，它的取得不是无代价的，而是需要通过投资才能形成，组织培训就是这种投资中重要的一种形式。知识经济时代，是以信息和知识的大量生产和传播为主要特征的，并以每年18%～20%的递增率发展。然而，与巨大的信息和知识量相比，学习者将会发现自己的"知识贫乏"，已有的知识正变得支离破碎，学习的速度太慢，要学的知识太多，这是由于个人学习的有限性和滞后性与知识增长的无限性和快速性产生极大反差造成的。培训是学习知识的重要途径，现代培训只有在观念、方法、内容等方面进行变革，才能适应时代发展的需要。

从目前的培训来看，首先是培训者由"知识传播者"向"知识生产者"转变。由于大部分的知识传播或转移将由现代电子媒体系统完成，因而使教育培训者能有时间进行知识更新、教学创新。其一是将原始信息或知识进行加工、处理和包装，使之成为人们容易和乐于接受的"产品"形式；其二是在综合分析原有知识的基础上，提出新观点、新理论和新方法，创建新的知识体系。因此，教育培训工作者将由"知识传播者"转变为"知识生产者"。其次是培训方式由"承袭式"向"创新式"转变。自古以来，教育培训的基本功能是传授先人文化遗产，培养为现实服务的合格人才。传统培养人才的方式已难以适应多变的环境，现代教育培训需要超前性，其目的不仅仅是培养现实人才，还要培养未来人才，学习方式要由"承袭式"向"创新式"转变。最后是培训内容由"补缺型"向"挖潜性"转变。受传统思维方式的影响，培训遵循的一直是"缺什么、补什么"的原则。比如，旅游企业的培训内容，多着眼于从业者的"应知""应会"及操作技能掌握、基本知识应用、解决具体问题能力等方面的"补缺"培训。面对知识经济的挑战和日益激烈的市场竞争，培训仅为"补缺"是远远不够的，应把挖掘潜力作为培训的重点，把思维变革、观念更新、潜能开发纳入培训的内容，使旅游行业的从业人员能够从培训中真正学会思考、学会创新，实现个人潜能的有效释放。

中小学教师国家级培训计划，简称"国培计划"，由教育部、财政部2010年全面实施，是提高中小学教师特别是农村教师队伍整体素质的重要举措。"国培计划"包括"中小学教师示范性培训项目"和"中西部农村骨干教师培训项目"两项内容。

中小学教师示范性培训，主要包括中小学骨干教师培训、中小学教师远程培训、班主任教师培训、中小学紧缺薄弱学科教师培训等示范性项目，为全国中小学教师培训培养骨干做出示范，并开发和提供一批优质培训课程教学资源，为"中西部农村骨干教师培训项目"和中小学教师专业发展提供有力支持。

中西部农村骨干教师培训，主要对中西部农村义务教育教师进行有针对性的培训，同时引导地方完善教师培训体系，加大农村教师培训力度，提高农村教师的教学能力和专业水平。培训计划主要包括农村中小学教师置换脱产研修、农村中小学教师短期集中培训、农村中小学教师远程培训。

2010年起实施"国培计划"的高校一共有9所，即"2+7"高校。"2"指两所综合性大学：北京大学、广州大学；"7"指七所师范类大学：北京师范大学、华东师范大学、华中师范大学、陕西师范大学、华南师范大学、江西师范大学、江苏师范大学。2012年5月18日，教育部办公厅公布"国培计划"——示范性集中培训项目培训机构名单，90所院校（机构）入选。新时期教育改革与发展对教师整体素质提出了新的要求，加强教师培训工作，实施"国培计划"，是提高中小学教师特别是农村教师队伍整体素质的重要举措，对于推进义务教育均衡发展、促进基础教育改革、提高教育质量具有重要意义。

中小学教师培训属地方事权，应以地方为主实施。中央实施"国培计划"旨在发挥示范引领、"雪中送炭"和促进改革的作用。通过实施"国培计划"，培训一批"种子"教师，使他们在推进素质教育和教师培训方面发挥骨干示范作用；开发教师培训优质资源，创新教师培训模式和方法，推动全国大规模中小学教师培训的开展；重点支持中西部农村教师培训，引导和鼓励地方完善教师培训体系，加大农村教师培训力度，显著提高农村教师队伍素质；促进教师教育改革，推动高等师范院校面向基础教育，服务基础教育。

各省级教育、财政部门要高度重视，认真做好"国培计划"的组织实施工作。要将"国培计划"纳入教师队伍建设和教师培训总体规划，加强领导，统筹规划，精心实施，并以实施"国培计划"为契机，以农村教师为重点，分类、分层、分岗、分科大规模组织教师培训，全面提高中小学教师队伍整体素质，为促进教育改革发展提供师资保障。

一是"国培计划"——中小学教师示范性培训项目，教育部、财政部直接组织实施面向各省（区、市）的中小学教师示范性培训，主要包括中小学骨干教师培训、中小学教师远程培训、班主任教师培训、中小学紧缺薄弱学科教师培训等示范性项目，为全国中小学教师培训培养骨干做出示范，并开发和提供一批优质培训课程教学资源，为"中西部农村骨干教师培训项目"和中小学教师专业发展提供有力支持。

二是"国培计划"——中西部农村骨干教师培训项目，在教育部、财政部统筹规划和指导下，中央财政专项支持中西部省份按照"国培计划"总体要求，实施农村义务教育骨干教师培训项目，对中西部农村义务教育教师进行有针对性的培训，同时引导地方完善教师培训体系，加大农村教师培训力度，提高农村教师的教学能力和专业水平。

培训计划主要包括农村中小学教师置换脱产研修、农村中小学教师短期集中培训、农村中小学教师远程培训，并提出了具体要求。要精心筹划，精心组织。各地要精心筹划和组织培训项目实施工作，确保培训取得良好效果。按照项目要求认真遴选符合条件的学员参加培训。重视培训项目的前期调研，针对培训对象的需求研制培训方案。要调动各方积极性，形成工作合力，为中小学教师提供优质培训服务。要创新模式，务求实效。积极探索采取集中培训、脱产研修、"送教上门"、对口支援和远程培训等多种模式开展教师培训。力求做到集中培训和远程培训相结合，短期集中培训与中长期培训相结合，院校集中研修与中小学教育教学实践相结合。积极探索运用有效的培训方式方法，满足教师多样化的培训需求，不断提高培训的针对性和实效性。要竞争择优，确保质量。对应纳入政府采购范围的培训项目，要实行政府采购。建立健全培训项目招投标和优质培训资源遴选机制，建立政府购买培训服务的机制，保证承担培训任务的院校、具备条件的培训机构平等参与招投标。遴选具备条件的高水平院校、具有资质的公办和民办教师培训机构承担"国培计划"，形成"国培计划"重点基地。鼓励有条件的地区探索试行培训券（卡）等有利于教師灵活选择培训项目、培训方式和培训地点的办法。充分发挥社会各方面参与培训的积极性。要整合力量，共享资源。建设高水平培训专家团队，选拔熟悉中小学教育教学实际的专家和中小学一线优秀骨干教师参加"国培计划"培训教学，形成动态更新的培训专家库。教师培训资源的开发坚持多样化、立体化，实际适用和先进创新的原则，充分调动优质资源，促进优质教师培训资源共建共享，保证"国培计划"高质量、高水平的要求落到实处。

教师培训与教师幸福感提升。"国培计划"以农村教师为培训主体，旨在提高教师的教育教学能力和专业化水平，促进教师展现其职业价值，而教师幸福感的提升，是培训中的关键点。有效的教师培训模式，能帮助教师提高职业幸福感，在工作中获得更强烈的个人成就感，促进教学能力的提升。从2008年开始，国家投入了大笔资金，启动农村教师培训工程——"中小学教师国家级培训计划"（简称"国培计划"）。2010年，"国培计划"开始全面实施，在全国大范围展开培训活动。"国培计划"的培训对象主要是幼儿园与中小学教师，培训内容主要是教师教育教学能力提升和思想道德培养，由参训骨干教师回到工作岗位后，对全员教师进行再培训，带动全员教师进步，提高教师队伍的整体素质。

在"国培计划"中，走在教学与科研前沿的高校承担了大部分的培训任务，发挥了高校在教师职后学历提升和知识更新中的重要作用。梧州学院师范学院从2010年开始承担"国培计划"，培训项目有"中西部农村骨干教师培训项目"，采取"置换脱产研修"方式，除此之外，还有"短期集中培训"，组织各县优秀教师到校进行为期10天的短期授课，共培训340名小学教师，320名幼儿教师。积极有效的培训机制，专业突出的培训内容，使得培训工作获得了学员的赞赏和顶岗学习毕业生的支持，也因为培训工作卓有成效，获得自治区教育厅的好评。教育培训推动城乡教育均衡发展，解决农村薄弱学校教育中存在的普遍性问题，从而推进义务教育的均衡发展。通过培训，探寻地方高校与基础教育的合作点，加强高校科研力量对地方教育的帮扶作用。通过师德与专业理念研修，激发农村教师专业发展动力。授课讲师采用灵活的培训方式，提出教学问题和教学案例，供参训教师互动交流，大脑风暴式的思维激荡使得参训教师的学习积极性很高。优化培训课程设计，使受训教师在校本课程的开发和运用中成为"种子"教师，并成为区域课程改革和教学研究的带头人，推动当地学校教育质量的提升。教师培训是影响教师职业幸福感的主要因素之一。在培训过程中，通过与教师访谈和问卷调查发现，影响教师职业幸福感的因素很多，而教师培训能帮助广大教师提升个人的职业幸福感。所谓幸福感是一种主观感受，是需要得到满足、潜能得到发挥、力量得以增长时所获得的持续快乐的体验。苏霍姆林斯基说过："如果你想要教师的劳动能够给教师带来乐趣，使天天上课不至于变成一种单调乏味的义务，那你就应当引导每一位教师走上从事研究这条幸福的道路上来。"教师长时间在同一单位同一部门工作，很容易成为井底之蛙，学识得不到交流，思想得不到碰撞，而外出参加培训可以获得一个相互交流、相互学习的机会，在一定程度上给处于职业倦怠期的农村中小学骨干教师进行心理激励，使他们更有向前的动力。教师培训能使广大教师确立新的职业理想。长时间的重复劳动，会让人忘记曾经让自己热血沸腾的教育理想，在日复一日的疲惫中应付当前的教学，对于自身的职业价值是否能够得到体现也漠不关心。教师失去思考职业规划的想法，成长就会处于停滞和盲目状态，其职业原动力和职业成就感、职业幸福感都会受到影响。因此，教师每个阶段，都应该帮助自己积极对待自己，认真对待自己，制定合适的职业生涯规划，帮助自己保持积极的心理状态，帮助自己进行专业化成长，体现自己的人生价值，让自己的每一天都感觉到充满希望。而教师培训，可以遇见很多积极的同行和很多专家型的教师，从他们身上可以汲取积极的理念，获得不断奋进的动力，这样的教师培训可以使人获得深层次的幸福感。

有效教师培训模式与实践研究。探讨适合培训教师的需要模式，是培训成功的基石。探索"国培计划"课程资源的生成与利用，讨论如何安排各种各样的实践性课程，如何切中参训教师的内在需要，如何鼓舞参训教师的学习动机和研修兴趣。在培训讲师的选择上，坚持多方聘请有才能的名师，从区内外甄选符合培训专题和参训教师需求的老师，以求让参训教师得到多方面的学术刺激。同时，积极进行"影子培训"实践研究，全面整合资源、优势互补，和各教学实践基地加深联络和合作，探讨"项目高校+实践基地学校"的合作施训模式。进行国培教师培训心理与需求分析，教师幸福感探究。从积极心理学视角来说，发挥教师类正向或积极的潜能，如幸福感、自主、乐观、智慧、创造力、快乐、生命意义等，可以让教师心理处于一种积极状态，从而能更好地应对教学过程中的各种困难与挫折，教学质量的提升也更加明显，教师职业幸福感提升既关系到教师自身的心理健康，也关系到学生的身心发展。教师幸福感和教师培训心理需求是培训中的重要工作，通过与参训教师访谈或者调查问卷的方式，进一步查探教师的内在需要，是培训成功的一个重要保证。

"国培计划"与教师专业化成长。教师的专业化培训包括专业理念与师德、专业知识、专业能力的内容，名师讲堂使参训教师的教育思想与理念得到升华与更新。培训的任课专家经验丰富、精力旺盛，授课切中基础教育发展的前沿，紧抓农村基础教育的实际困惑与难题，向参训教师介绍先进的教育教学思想与理念。教师只有紧跟时代发展，不断提升自己的专业知识，拥有多种教育智慧和有效教学的能力，才可以在教学中游刃有余。授课专家分享自身授课经验和心得，以自己的成功经验和失败教训帮助受训教师开展大脑风暴活动，共同探讨个人成长的方法。经过反复的思维震荡，参训教师思想上受到极大震撼，加深对个人行为的反思，重新梳理树立自己的职业理想。"国培计划"培训质量监测与评估方法，利用评估手段改变传统管理模式，全面对项目进行评估，使得各项工作能有序高效开展，充分保证培训质量。"国培计划"的后期跟踪指导有效性研究，主要探讨培训研修结束之后，如何对培训学员进行后续指导，以使他们将培训中所学知识落实到真实的教学活动中，帮助教师持续成长。

"国培计划"给农村骨干教师带来了一个发展与学习的机会，这项普惠措施能促使广大教师深入学习科研与教学知识，提升教师的个人价值和职业幸福感，全面缩小和发达地区的差距，提升教育质量，良好的培训效果将带来深远的影响。而在培训中，注重教师幸福感的提升，也将对教师个人的职业选择和职业理念的改变产生巨大的作用，使教师安心于教学工作，成为一名幸福的教师。

那么，如何才能加强教师培训工作？近年来，教育行业得到了巨大的发展，国家也在不断加强对教师的培训力度，教师培训的形式也不断趋于多样化、多元化。然而，在这一过程中，教师培训也存在着诸多不足之处，尤其体现在其培训的有效性和实效性上。本文通过分析当前教师培训存在的诸多问题，提出解决方案，从而为提高教师培训的有效性和时效性给出一些切实可行的建议。对于加强我国中小学生的教师队伍建设，促进教师专业素质的提高，引领教师专业发展来说，教师培训是一条重要的途径，是必不可少的。在课程不断改革的这一大环境下，新课程对教师的能力也提出了更高的要求，教师培训也因此愈发重要。教学工作的开展离不开教师培训及教师自身的终身学习，这两者的结合对于提高教育质量有着不可估量的作用。然而，在教师培训的过程中，由于各种问题，导致培训的效果得不到体现，制度及培训工作等问题都需要不断地完善。一是培训目标不明确。教师培训工作的主要对象为成年教师，他们的主要学习动机来自其自身知识和技能的缺乏，因此他们学习的目的性非常强烈。培训的有效性和实效性与目标对象的需求和动机是密切相关的。而当前的教师培训工作中存在的目标不明确问题正是培训缺乏实效性的一个重要原因。对于教师培训而言，针对目标群体所存在的差异，最完美的方式是因材施教。然而，在现实环境中，这是很难做到的，大部分的教师培训侧重于粗略的培训计划，而不愿意花费大量的时间进行细致的调查研究工作，因此忽视了教师在需求上的不同，达不到培训的预期效果。二是模式问题。一方面不适用于课程改革后的教学要求，另一方面在形式上也缺乏灵活性。传统的培训模式由于其所具有的目标抽象、定位模糊的特点，很容易给参加培训的教师造成困扰，不利于教师确定自身的发展方向，以及给自己一个准确的定位。不仅如此，传统的教师培训还具有随意性，在培训过程中过于注重理论知识和学科知识，反而与实际不相适应，对于教师在实际教学中的帮助甚微。这一培训模式不利于新进教师的教学积极性和参训主动性，反而极大地挫伤了他们的教学热情，不利于教师的成长。三是培训内容的实效性不强。当前的大部分教师培训内容，存在陈旧和可操作性不强的特点。在教师培训中使用的教材更重视对教师知识面的扩展，其实用性和具体的可操作性却微乎其微。培训内容最多呈现的是对过往知识的承袭，却很少涉及学科领域最新的成果及新思维。这一培训模式大大限制了教师的创造性思维及创新能力的养成。不仅如此，培训的课程体系有时与实际的教学不相适应，很难达到教育工作者在教学方面的实际需求。四是培训过程缺乏有效监督。当前的教师培训存在考核制度不合理、监督管理机制不到位的问题。由于缺乏有效的监督机制和评价体系，在教师培训的过程中达不到预期的培训效果。大多数教师参加培训只是为了完成任务，在学习过程中缺乏积极性和求知欲，而是将其作为一种负担、一种任务来看待。缺乏监督的教师培训所导致的教师学习的不负责任，是培训难以提高有效性的重要原因。

那么，如何才能提高教师培训的有效性和实效性，并采用怎样的方法和策略呢？首先要确立明确的培训目标。明确的培训目标的确立对于实现教师培训的有效性有很大作用，是判断教师培训活动是否切实有效的关键。其一，教师培训目标需遵循"在多元中主导，在多样中谋共识"的总体原则，以此为价值导向，确立积极向上、合理的培训目标。在总体原则的引导下，确立明确的培训目标，为整体的教师培训提供正确的方向。其二，确立目标以后，需制订切合目标的培训方案，只有落实到每一个步骤，才能真正实现培训的有效性和实效性。在方案的制订上，要注意到方方面面，不仅要考虑到培训目标、培训对象、培训课时、培训方法、培训教材及评价等方面，还需要关注到具体的实施过程，确定其开展的规范性，以及培训内容是否与实际相结合，是否结合了最新的教学方法。其次要建立新型教师培训模式，确立教师的主体地位。就当前的教师培训而言，大部分都是以传统型的教学模式为主，即培训过程中采用知识传授的方法，培训者讲授知识，参训教师作为倾听者的角色。这样的培训方式对于教师自身能力的提高所起到的作用微乎其微，也很难体现教师的主体地位。不同于青少年的教育，对教师进行培训完全属于成人教育，两者之间具有完全不同的特点。成人在学习上是具有自我导向性的，他们能够有自己的主观判断，并根据自身的需要有选择地进行学习和反思，从而获得自己所需的技能和思想上的进步。因此，培训过程中，最重要的不是知识的传授，而是教师在学习的过程中不断进行反思的过程。教师对自身的反思，是教师不断学习和成长的原动力，是促进教师能力提升，实现终身学习的一个重要方式。新型的培训模式下，教师才是教学的主体，教师培训要让每一个人参与到这一过程中来，不断鼓励教师发表自己的想法，确立自己的立场，表达自己的要求。凸显教师的主体地位，让教师参与到教学中来，能够最大限度地提高教师的学习积极性，从而促进实现培训的有效性。再次是要尊重教师个性，关注教师个体。要实现教师培训的实效性，最重要的是尊重教师的个性。对于参与到培训中的教师来说，他们每一个人都有其自身的提点，学习的目的、能力、动机及自身的求知欲望都不尽相同。因此，统一的教师培训很难调动每个人的学习积极性，反而大大降低了参训教师的学习热情。因此，制订培训方案需要不断深化对教师的培训动机和学习能力的认识，充分了解教师在知识、技能等各方面存在的问题，在这一基础上确定培训方案，从而使得培训能够切切实实地帮助到教师，对于解决他们的实际问题起到很好的作用。对于目的性强的参训教师，这样做能够对他们平时的工作起到很好的帮助，使其能够在工作岗位上有优秀的表现。除了尊重教师个性以外，还要关注到教师个体。参训教师具有一定的差异性，有的教师经验丰富，有完善的知识储备，培训过程中应鼓励这些教师积极发表自己的看法和观点，从而给其他新教师一些可供学习的经验和方法，通过教师自身经历的反馈，给其他教师提供宝贵的经验之谈。由这一方式引申开来，教师可以相互交流和分享，进行反思，从而起到相互促进、共同进步的效果。另外，还要完善考核和评价体系。建立考核和评价体系的终极目标是提高教师参加培训的积极性，促进教师在培训过程中的有效性，实现教师自身能力的提高。其一，对于教师来说，在高强度的工作压力下参加培训，每一位教师都是值得充分肯定的。因此，在评价时要给予充分的尊重。其二，对参训教师的评价要及时传达出来，可以通过网络告知参训教师在培训中的进步表现，让参训教师对自身能力及学习动态有更为直观深刻的认识，从而及时调整状态，更好地参与到下一次的培训中。完善的考核和评价体系的建立，非常重要的一点是评价方式的多样化。单一的评价是枯燥且缺乏说服力的，要采取多种评价方式，如课题展示、小组互评、集体评课等方式，丰富评价系统，使其更具说服力，也让每一位教师都能够展现自己。教师培训的过程中，每一个部门及负责人都扮演着重要的角色，都是培训中不可或缺的一部分。教师培训必须关注到细节，细节是促进成功的重要原因。要提高培训的质量，实现教师培训的有效性和实效性，必须依靠各部门之间的通力合作，培训机构各个部门负责好自己的工作，部门之间工作做好紧密衔接，并以提高培训有效性为共同目标。完善的组织管理制度能够最大限度上做好培训的各项工作，打好有准备的"战"。另外，教师的学习反馈也非常重要，关注到教师的学习状态和学习效果，及时做出改变和调整，能够使得培训更有针对性，对教学效果也有很大的益处。

教师培训之案例

以我校的培训为例。

首先，我校教研室注重加强教师队伍的培训，师资培训已成为学校一项常规性的工作。这几年，一批批青年教师走上了教育岗位，教师的经济与社会待遇不断提高，而教师特别是青年教师的自身发展成了他们的迫切需求。第一，培训即发展，参与培训教师主观上有积极的愿望，教师培训得到了大家的广泛认可与接受。第二，教师培训是教师职业生存的需要。课程改革与发展，对教育教学的要求越来越高，社会家长对孩子的教育越来越重视，对教师的素质要求也越来越高，教师普遍感到了一种职业的压力感与危机感，进行教师培训从某种意义上来说也是关爱教师，提高教师的地位与待遇。第三，教师培训是学校发展的必然。提升办学水平，只有靠教师。建设一支高素质的教师队伍，这是学校生存之本，质量之源。第四，远郊县区高中学校，无地域优势，无经济优势，更无政治优势，优秀教师引不来，教师培训特别是校本培训，是打造学校优秀教师队伍的根本举措，也是远郊县区高中学校生存发展的根本之路。

其次是教师外出交流学习及网络培训。近年，我校选派各学科一线教师赴浙江、山东、河北、上海等教育发达省市交流学习。深入课堂教学，观摩教学全过程，学习教育发达地区重点高中先进的教学方法和课堂教学模式，聆听教育专家讲座，鼓励广大教师外出学习，一系列高质量、有针对性的培训可以为我校未来发展提供方向引领、精神动力和智力支持。按照教育主管部门的要求，安排老师积极参加"国培计划"、甘肃教师学苑、公修课等网络培训，每年学校总体培训率达到95％以上。

再次是校际交流，近年来，我校与多所学校建立了相互培训、学习机制。通过培训，老师增长了见识，开阔了视野，极大地提高了教学教研效率。

我校教师赴浙江东阳中学考察学习

我校教师赴浙江东阳中学考察学习时，考察组一行受到东阳中学校长吴海尧、党委副书记张华伟、副校长郭更强等领导的热情接待。考察组成员参观了东阳中学的早操情况，并随堂听课，课后和老师进行了深入交流。在校领导的陪同下参观了该校的校史馆并观看了学校宣传片，之后，双方开展了座谈交流。

座谈会上，校长吴海尧、副校长郭更强分别介绍了东阳中学的文化传统和办学理念，以及在新课改和新高考改革背景下，学校努力突破旧有运行机制，在构建新的学习方式和新的教学方式上做出的有益尝试。副校长蒋晓东介绍了东阳中学"必修课分层、选修课拓展、注重实效性、增强趣味性"的科学教育模式及教学效果。

我们经过与东阳中学吴海尧校长、郭更强副校长的交流协商，就兰州十八中与东阳中学之间开展校际交流活动达成意向。兰州十八中与浙江东阳中学建立合作交流基地，在兰州十八中加挂"浙江东阳中学兰州十八中学合作交流基地"牌子，以合作交流基地为平台，双方在学校管理、教育教学、师资队伍建设、学生发展等方面开展交互式合作交流，促进两地教育发展，提升教育质量。

新教师培训之策略

随着教学的不断改革，对教师的素质和能力要求也越来越高，这也使得教师必须不断进行学习，从而获得能力上的进步和发展。而对教师来说，培训是一个帮助他们发展和进步的重要契机，也是一个重要的学习平台。培训机构和教师共同做出努力，培训机构积极采取各种方法来帮助教师获得成长，教师也要不断融入学习中，以提升教学能力为主要目标，不断学习，不断进步。只有双方共同努力，才能促进培训工作的发展，才能实现培训的有效性和实效性。

对于新教师，我们一直在思考如何使新教师尽快胜任教学工作，做人民满意的教师。结合教育特点，创新新教师培训新模式，采取岗前集中培训与在岗一年的实践培养相结合的培训模式，提高了培训的针对性与实效性，缩短了新教师的成长期。近几年，因教师紧缺，一大批大学生走上了教师岗位，这些录用的教师直接上岗，由学生角色突然转变为教师角色，还有相当一部分非师范院校毕业的大学生也补充到教师队伍中来，如何加强对新教师的培训，使新教师尽快胜任教学工作，缩短成长期，这是摆在师训部门面前的一个亟待解决的问题。我校根据《教育部关于大力加强中小学教师培训工作的意见》（教师〔2011〕1号）和《关于安徽省"十二五"中小学教师培训工作的实施意见》

等文件要求，结合我县教育特点，创新新教师培训新模式，采取岗前集中培训（50学时）与在岗一年的实践培养相结合的培训模式，提高了培训的针对性与实效性，缩短了新教师的成长期，受到了基层学校的欢迎。首先应制定明确的培训目标。第一年是新教师成长的一个关键时期，对新教师进行有目的、有计划的培训与培养，使其尽快适应教育教学工作的培训，是教师队伍建设的一个重要环节，是教师教育的一个重要组成部分。积极地开展新教师第一年的培训，对加强教师队伍建设，对实施九年义务教育，深化教育教学改革，提高初等教育水平都具有重要的意义。通过培训与培养，使新教师进一步增强职业意识，巩固专业思想，热爱教师职业，热爱学生，熟悉有关教育法规和教育教学情景，初步掌握所教课程标准、教材和教育教学常规，尽快适应教育教学工作。其次是创新新教师培训模式。新教师一般具有较深厚的文化知识，有一定的理论水平，思维活跃，但缺乏实践经验，大多模仿自己老师的教学与班级管理模式，或跟着自己的感觉走等，导致教师成长期过长。我校针对新教师的这些具体情况，制定了《新教师培训制度与计划》，采取岗前集中培训与在岗一年的跟踪培养指导相结合的培养模式。每年暑假对新教师进行为期8天的集中培训，对所有新任教师进行以教师职业道德规范、教育教学技能、教育教学常规和学生管理规范为重点内容的岗前适应性培训，帮助新教师尽快适应教育教学工作。新教师在岗实践培养由学校为新教师安排有经验的指导教师，依据《祁门县新教师培训与在岗实践培养计划指导表》进行指导。同时，我校有计划地组织优秀教师深入基层学校面对面地对新教师指导，并进行监督与考核。再次是精心谋划培训内容。根据从大学殿堂里走出来的大学生特点，通过问卷、座谈、个别交流等多种形式进行调查，从师德建设与专业技能两方面谋划集中培训的课程资源。在岗实践培养只有本着理论回归实践运用的原则，坚持理论与实践相结合，集中学习与自学相结合，培训与自练相结合，才能凸显理论学习所生产的价值。在这个知识转化过程中，我校以《祁门县新教师培训与在岗实践培养计划指导表》为载体，从新教师职业情感与师德修养、课堂经历与教学实践、班级工作与德育体验、教学研究与专业发展四大模块21个纬度跟踪一年的培养指导。要求基层学校向新教师推荐指导老师，或新教师自己选择指导老师，师徒双方签订培养合同，落实师徒职责。为了使师徒结对活动取得实效，我校明确要求，指导教师应在师德规范、工作作风、教育观念、业务能力等方面全面指导帮助新教师成长，按照《祁门县新教师培训与在岗实践培养计划指导表》按时按量完成培养指导任务，如模块之一"教学常规与教学实践"所要完成的具体培养任务。培养内容具体可行，利于操作，便于指导，做到有的放矢，培养新教师的实践技能。另外，要加强培训管理、监督与考核，提高培训的严肃性与实效性。集中培训采取实名签到制，每位新教师要完成培训，并写一篇有价值的培训心得体会，班主任对其进行考核。在岗实践培养要求指导教师跟踪指导，学校各部门对其实践性结果进行评定与指导，进修学校每学期组织骨干教师深入基层学校听评新教师的汇报课，诊断课堂问题，指出解决方法。培养结束时，进修学校与新教师所在的学校共同为其进行综合考核，考核结果纳入教师职称评定，在继续教育是否合格范畴内，把教师成长转化为一种自觉行为，缩短了新教师的成长期，也奠定了新教师职业道德，为塑造优秀教师打下了坚实的基础。

研究成果化——科教之创新

教学与教研

一、教研即教育研究

该研究是指总结教学经验，发现教学问题，研究教学方法。教研公理首先有钻研而后有教研，教研促进钻研。教研可以从三个角度探索，分别是知识管理、社会学、心理学。教研者可以是有分工的钻研者。尺有所短、寸有所长，可以把不同内容根据钻研者所长进行分工，教研时，进行成果的整合。有学校通过教学观察发现，教师教学自我效能感好的内容往往与学生学习成绩成正相关，学校以此作为钻研内容分工的依据之一，取得了明显的教研成效。钻研者的分工或钻研者水平的参差不齐产生教研的动力。教研就是不同分工或不同水平钻研者的互动过程。教研时，或是不同分工的钻研者成果整合成为集体的、系统的教研成果，或是较高水平的钻研成果被教研者认识直至吸纳。这两个过程对教研者二和教研者三的促进是显而易见的，至于教研者一的收益则不仅仅限于教育教学本身，还可获得马斯洛需求层次理论中较高层次需求（归属感，来自他人的尊敬及自我实现等）的满足。教师（教研员）独自对课程、教材、教法的实践，是教师（教研员）独自对课前、课中和课后的探索，是普遍的教育教学原理、教学法与个体的学科教学内容结合起来的应用过程。教师应对钻研内容做系列规划。教研活动则指以促进学生全面发展和教师专业进步为目的，以学校课程实施过程和教育教学过程中教师所面对的各种具体的教育教学问题为研究对象，以教师为研究主体，以专业研究人员为合作伙伴的，以校为本的实践性研究活动。教研可以发生在现实中的某个地方，也可以发生在互联网络空间。因此，根据教研的发生地点可以把教研划分为实地教研和网络教研。教研的目的是促进教师专业发展。教师专业发展的内涵包括"一德四力"，即职业道德、教学设计能力、教学实施能力、教学评价能力和教育科研能力。教研的活动形式要为教研的目的服务。选择什么样的教研形式，首先应该考虑是否能够有针对性地解决教研的关键问题；然后根据教研需要权衡不同形式存在的利弊，选择更加有利于达成教研目标的形式。

什么是教育科研？教育科研是教育科学研究的简称，它是一种运用科学方法，有目的、有计划地探索教育规律的创造性认识活动。中小学教育科研，是人们对中小学教育领域的对象、现象及其规律的一种创造性认识活动。教育科研中的研究方法是人们由未知向已知转化的中介和桥梁。研究方法是否科学，直接关系到研究成果的准确性和正确性。教育科学研究应是一种有目的、有计划的探索过程，而不是一种盲目的活动。开展教育科研，首先要选择好课题，确定研究对象，提出假设，制订好实施方案，并要进行课题论证。在论证基础上修改，确定方案，然后进行具体的实施。事先没有目的要求，心中没有计划，临时想到什么就干什么，然后写一小结完事，这绝算不上真正的教育科研。

二、"创造性"，创造性是一切科学研究的本质特征

所谓创造，就是运用已知信息生产出某种新颖、独特、有社会或个人价值的产品。这种"产品"可以是一种新观念、新设想、新理论，也可以是一项新工艺、新技术、新作品等思维成果的物化形态。对于中小学教育科研来说，就是探索中小学教育领域中的未知，发现新规律，得出新结论，同时创造出新的更科学的研究方法。中小学教育科研的任务，不是去复述前人已解决的问题，而是在接受前人成就的基础上，深入钻研，进入前人还没有进入或没有完全征服的领域，解决前人没有解决或没有完全解决的问题。

需要注意的是，中小学教育科研与教育科研是有一定差别的。中小学教育科研既有教育科研的一般特点，又具有自己的特殊之处。它是更偏向于应用研究、微观研究、教学研究、校本研究的。因此，我们必须明确：中小学教育科研的最终目标是提高教育质量，所要解决的是中小学的实际问题；提高中小学教师的科研素质是教育科研的首要任务。

1. 加强教育科研是推动教育改革与发展的需要

深化教育改革，推进素质教育，教育改革牵涉的问题和方面十分广泛，如教育思想、教育体制、教育结构、教育内容和方法等，这些都急需从理论与实践的结合上给予正确的回答和提出有效的解决措施。

2. 加强教育科研是全面提高教育教学质量的需要

推进素质教育，改变人才培养模式，需要通过加强教育科研，积极探索新型人才成长规律，按规律办学。教育科研成果是教育规律的表现，一旦被广大教育工作者掌握，就可以变成提高教育质量的巨大的现实力量，能直接地、大面积地提高教育教学质量。

3. 加强教育科研是教育决策科学化的需要

决策科学化就是运用科学的方法和手段，遵循科学的程序进行决策。教育科研以其综合的知识体系和科学的研究方法，帮助人们观察分析复杂多变的教育现象和教育问题，并做出符合教育规律的鉴别、判断和预测，具有促进领导职能转变和教育决策科学化、民主化的功能。

4. 加强教育科研是提高教师素质的需要

建设一支高素质的师资队伍，要求教师从经验型转向科研型、学者型、专家型，广大教师不仅应该掌握教育规律、教育教学技巧，还应通过教育科研实践，不断取得新知识，探索新领域，在教育科研实践中不断提高自身素质。

三、教师要实现教育创新，必须从事教育科学研究

教师的角色要求教师不仅是知识的传授者，而且是学生学习的组织者、指导者，在组织学生学习的同时引导学生逐步形成健康正确的世界观、人生观、价值观；不仅要教会学生掌握知识，更重要的是要教会学生如何学习。教

师若要胜任本职工作，必须不断更新观念，创造性地开展教育教学工作；而要实现教育创新，仅凭经验是远远不够的，必须从事教育科学研究。一方面，教育科学研究有利于教师较快地更新教育观念。与教育发展相适应的观念的形成，不仅仅是记住一些新观念的词句所能达到的，它需要教师自己去研究、去实践、去体会、去探索、去创新，经过长期的坚持和积累，不断改进和提高，逐步形成一套有个性的教学特色，将新观念渗透到自己的教育教学实践中。教师参加教育科研，有助于提高教师自身价值。教师经过深入研究，可以改变多年从教的疲惫感，改变教书没有"味道"的心理，而感到每天的教学工作有许多新的东西，真正做到"常教常新"。另一方面，教育科研的成果也能引起领导和社会的重视和承认，较好地体现自身的社会价值。教师参加教育科研，能促进教师继续学习、终身学习，有利于潜在创造力的发挥，使教师不会像蜡烛那样，燃烧之后毁灭自己，而会成为永远闪光的恒星。教育科研是学校改革和发展的第一推动力。近年来，"向教育科研要质量，靠教育科研上台阶"已逐步成为人们的共识，但目前的实际工作中对教育科研还存在一些错误认识，阻碍着教育科研的健康发展。这些错误认识主要有：一是教育科研无用论。有这种认识的人认为，教育不需要研究，教育科研是形式，"好看不好吃"。有这种认识的人不会用心去思考如何教会学生上课、复习，也不懂得如何教学生用科学、正确的方法去应考，他们更不会考虑怎样全面提高学生的素质，并在此基础上提高升学率。二是教育科研神秘论。这种人向往教育科研，佩服从事教育科研的人，羡慕出了成果的教师，但是认为教育科研神秘莫测，高不可攀，他们在教育科研的大门口徘徊。其实，中小学教育科研的目的是探索教育的基本规律和方法，不是研制核武器、原子弹，是不同于高等院校和国家科研院所的科研的。这类教师目前需要"大胆往前走"的勇气。三是教学、科研冲突论。持这种认识的教师不懂得常规教育教学工作和教育科研是一体两面的关系，他们把日常工作和教育科研割裂开来，认为教育科研影响日常教学，会破坏常规工作。不可否认，教育科研需要花一定的时间和精力，然而，"磨刀不误砍柴工"，教育科研能促进常规教育教学工作，会让教师从一定的高度、更新的角度去审视常规工作，并且提高常规工作的效益和效率。四是教学科研分离论。有些教师往往会无意识地犯"冲突论"的错误。他们端起搞科研的架子，执其一端，不计其余，结果丢了常规工作，也没有搞好科研。常规工作是判断教育科研成效的标准之一，搞不好常规工作的教师不可能真正搞好教育科研，持"冲突论"和"分离论"的教师需要树立这样一个理念：在常规工作中研究，在研究状态下工作，相互促进。五是教育科研唯文论。这种认识把教育科研等同于写论文。其实，写论文只是教育科研过程中的一个部分。开展教育科研需要认真选择科研课题，拟订实验方案，开展实验前测、中测、终测，收集实验资料，撰写实验报告，最主要的是参加教育科研实践，当然也包括撰写科研论文。需要注意的是，不能为了论文而写论文，论文须是对教育科研结果（包括先期性研究结果、阶段性研究结果、终结性研究结果）的准确把握，是在教育科研实践基础上的理性思考。

那么，如何组织教研活动呢？

1. 教研活动形式对教师的专业发展很重要

一是简洁易行，不用找专门的场所；二是智慧的交流，同伴之间的交流可以碰撞出新的智慧，碰撞出新的教学思路与策略；三是切切实实是自己的东西，对同伴很实用。这里面就有一个教师主动性问题。我们在教学中时刻会遇到这样或那样的问题，教师之间要主动交流，交流自己的困惑，交流自己的经验，这种经验也许是不经意的，但可能是别人最需要的；你认为是自己最成功的经验，别人也会给你经常补充。

2. 组织者或者说主持人的要求

从这里开始谈的就是我们意识中的教研活动，十几人、几十人、一个学校开展教研活动，这样的教研活动对于组织者有较高的要求，如组织能力、调控能力、协调能力、口头表达能力等，大家都有这样的感觉。我从另一角度把我的感受和体会与大家共同交流。组织者一要热衷于教改；二要有一定影响；三要勤于学习。这样的老师有没有？有！能不能胜任主持人？不能！赶鸭子上架，是最贴切的说法，一次一次的历练，一次一次的感受，一次一次的对比，一次一次的提升，只有不断地修正自己、改正自己，才能得到大家的认可。

3. 计划要先行

做任何事都要先做好打算，写在纸上也好，心中有数也行。有什么数？通盘考虑，合理规划，突出重点，明确任务，落实到位。每学期开始，教务处制订教育科研计划，每个教研组组长制订教研组活动计划和活动安排表。做事之前都要先盘算盘算。教研活动也一样，计划不一定落实在纸上，但一定要深思熟虑，考虑成熟。一次具体的教研活动，一般要考虑教研的目的、教研的形式、教研的方法、教研的程序、教研的任务、教研的要求。制订计划的核心、重心是解决老师最想解决的普遍问题。也就是说，作为主持人，应深入教学第一线，知道近段时间教师的困惑是什么，教师想得到哪方面的帮助。组织一次教研活动，应该给老师长足发展奠定哪些基础，什么样的教研活动是一次性的，什么样的活动是连续的，等等，主持人一定要心中有数。假如心里模糊、拿不准，可以先找部分教师座谈。我们学校充分发挥教研组长的作用，了解教师存在的哪些问题，这里要说明一下：教师提出的问题可能是零碎的、简单的，主持人应站在一定的高度去看待每个教师提出的问题，不能就问题解答问题，也不能看轻教师提出的问题，因为教师提出的问题是他们在一线教学中切实遇到的，是教师需要解决的问题。主持人应对教师提出的问题进行罗列、提炼、总结，确定教研活动的内容。说白一点，就是要选择合适的教研活动内容，来解决教师提出的问题，甚至是由这些问题可能会引发的前瞻性问题。确定教研活动的重心，是一次教研活动成败的基础。接下来就要考虑教研活动的形式，什么样的教研活动可以解决教师提出的问题，如共同学习、经验交流、专题讲座、观看录像光盘、观摩课、研讨课等，还要考虑参加的人员。研讨性质的，一般人数比较少，参加人员多为骨干教师；观摩性质的，人数尽可能地要多。接下来就是教研活动进行时。教研活动开始，就存在过程优化的问题，每个环节、每个时间段，参加教研活动的人员应该干什么，主持人也应做到计划在先。集体备课也是一种教研形式。集体备课做什么？主要是交流上周教学所得与所失，确定下周教学什么。也要制订计划，每次明确一名中心发言人，也就是主备人，这个人在开学之初就应协商确定，可以轮流坐庄，其他教师，特别是新教师，也要熟知教材，积极参与讨论。中心发言人要讲清以下几点：

（1）每课时知识学习的重点、难点。

（2）教法设计，如何突出重点，突破难点。具体到一节课，就要讲清楚：讲多少问题，先讲什么，后讲什么，拟采用的主要教学方法。

（3）作业设计：做多少练习题，做什么练习题。

（4）提出自己的疑虑、困惑，也就是提供需要其他教师讨论的问题。

四、要充分发挥教师的主体作用

教研活动是为教师服务的，活动的主体就应该是教师，教师的主体地位是否得到了保证，是教研活动成功的关键。教师不愿意参与活动或勉强参与活动，就像我们教学生一样，教师在讲台上讲得口干舌燥，学生在下面不知所云、充耳不闻，什么事也干不成。教学生，我们要遵循两个规律：一是科学的认知规律，二是儿童的认知规律，只有这样才能充分调动学生学习的积极性。在教研活动中也要想办法调动教师学习的积极性。这里面要把握好两种位置：即主持人和教师。主持人是组织者、引导着、合作者，是平等中的首席位置，而参与教师则应处在主动的、能动的、积极的位置。要尊重教师的参与权。从确定教研活动的主题开始，教师就以主体性参与进来，前面也重点谈到了这一点，教师对教研活动的目的、参与方式、活动的来龙去脉都应积极参与、有所了解，教师得到了尊重就会有积极性，而不是到了活动时间就通知教师开会。保障了教师的参与权，就能使教师"我被参与教研活动"变成"我要参与教研活动"。要保障教师的选择权。选择权选择什么？选择自己说什么及怎么说。也就是说教师可以选择如何展示自己、怎样展示自己，表达什么、用什么方式表达。主持教研活动，不要规定教师说什么、做什么。这里也要说明一点：刚才说的是教研活动进行到某一环节的细节问题，而不是在整个教研活动中教师想干什么就干什么，想说什么就说什么，那就成失败的培训了。要保障教师的准备权，特别是有讨论环节的教研活动，要和教师一起做好讨论前的准备工作。不打无准备之仗，无准备之仗一打准败，冷场是最常见的，也是让主持人最尴尬的事情。教师对教研活动的内容、重点什么也不知道，脑子里储备的东西七零八落一时收集不起来，或者自我感觉上升不到理论高度，不知如何表达自己的观点，不敢说，肯定会冷场。教师要注意收集与教研活动主题有关的一些信息，形成自己的观点，对课堂现象或者自己的观点进行深层次的探索，找到实质。整理在活动中展示和表述的内容，或者当成自己的一次考试。记住：这是每一位教师展示自己的舞台。

五、制度是组织教研活动的保证

没有规矩不成方圆。勉强成习惯，习惯成自然。我们学校把教研活动纳入教师考评，从根本上保证了教研活动的有效进行，如请假制度、出课制度、习作制度等。

成果转化案例

以兰州市第十八中学的教研成果转化为例。我校研发的"中学语文五步教学法"，得到了福建师范大学赖瑞云教授、特级教师韩军等专家的一致好评和肯定，认为是课改以后，西北五省的课改典范，值得推广和学习。2010年，《中学语文五步教学法实验与研究》通过甘肃省教科所鉴定，并荣获甘肃省基础教育成果一等奖、中国教育学会年度成果一等奖。同年年底，该成果由西北师范大学靳健教授的指导并写序，由读者出版社正式出版，发行量5000册，2013年修订版发行量10000册，被20余所学校借鉴。2014年，该成果代表甘肃省参加国家基础教育成果评选活动，荣获国家基础教育成果二等奖。2016年至今，"中学语文五步教学法"相关老师在甘肃、青海等地巡讲十余场，对国家课改从理论到实践做了很好的宣传和示范，在教育界产生了全面而深远的影响。

语文组研发的"1162高效课堂模式"，即将课堂40分钟分别按照1∶1∶6∶2的比例，划分为"4+4+24+8"。教师的讲课时间不大于20%，学生自主学习时间占到60%，剩余20%的时间用于每堂课的成果测评和总结。"1162模式"的核心是课堂导学，分为检查预习、明确任务、合作探究展示、测评总结四大模块。最大的特点是具有目标性、突破性、高效性，充分体现"变讲堂为学堂"的理念。通过大量的实践，该模式极大地调动了学生的学习兴趣，开拓了学生学习思维，教学取得了优异成绩，尤其在高考中，取得了意想不到的效果。2016年，该课题通过兰州市教科所专家鉴定。同年，该论文发表于《中学语文教学参考》，引起教育界广泛关注，并被多所学校引用。该课题于2017年通过甘肃省教科院专家鉴定。2018年荣获兰州市基础教育成果一等奖。被相关报刊誉为新时期高中有效教学模式的典型案例。

语文教研组研发的"基于教育信息化2.0背景下的1+N+2作文教学模式"："1"即学生个体；"N"即网络资源共享（Network resource sharing）；"2"即"一对一"辅导。此模式是教育信息化2.0背景下的全新作文教学模式，完全改变了传统的作文流程式的教学环境，将作文教学信息化、现代化，实现网络作文教学资源的共建和共享，最大特点是教学全程网络化、信息化、智能化、数字化。其目的是以网络为平台，通过教育信息化，提高学生写作水平，提升学生语文素养，全面提升教育品质，构建新时代作文教学新生态。该课题已被甘肃省教科院确立为2018年度重点课题，荣获甘肃省首届中小学教育信息技术应用论文一等奖。

成果转化策略

下面谈谈科研成果转化为教学内容存在的主要问题及对策。科研成果向教学内容转化，首先要保证有足够成果可供转化，其次要保证能切实转化为教学内容。当前，部分院校科研和教学人员仍对科研成果向教学内容转化存在认识上的偏差。一是在院校科研目的认识上存在偏差，科研成果与教学结合不紧密，导致科研成果不能转化为教学内容。二是在院校教学改革认识上存在偏差，教学内容更新不及时，导致科研成果没有转化为教学内容。科研成果向教学内容转化组织松散。一是对由谁牵头管理意见不一，管理无序，造成科研和教学管理部门在科研成果向教学内容转化问题上职责不明，出现谁都管又谁都不管的现象，导致科研成果向教学内容转化工作处于无人管理的状态。二是对由谁具体实施转化意见不统一，落实乏力。主要反映在机关与教学科研人员职责不明。科研成果向教学内容转化无章可循。一是缺乏科学的保障机制。一方面，科研成果转化为教学内容缺乏有效的程序规范；另一方面，科研成果转化为教学内容缺乏充足的资源保障。二是缺乏规范的评价指标体系。一方面，缺少科研成果向教学内容转化的具体评价指标；另一方面，缺乏成果转化的考核奖惩机制。成果是否真正对教学起到了促进作用，产生多大的教学效益，缺乏科学的考核和奖惩机制。

那么，优化科研成果向教学内容转化的途径和方法又有哪些呢？首先是科学划分科研成果向教学内容转化的主要阶段，根据科研成果产生并向教学内容转化过程，主要分为选题、归档和转化三个阶段。选题是指科研立项、论文和专著选题，必须确保立项时有足够的可供转化为教学内容的科研成果。这项工作当前主要由院校科研管理部门负责，会同训练部门组织相关人员，在立项审查时对选题进行审核，按照评价标准评选出一定比例预计可供转化为教学内容的选题，没有达到最低比例标准时必须对选题进行调整。归档是将可供转化为教学内容的科研成果进行收集、梳理、发布，以实现资源共享。此阶段工作由训练部门组织实施。具体归档工作由各院校信息管理中心（图书馆）负责落实，科研管理部门、系、教研室等单位协助提供相关原始科研成果信息。信息管理中心应建立科研成果转化信息库，定期发布归档成果信息。转化是采取措施确保收集到的科研成果充分转化为教学内容。此阶段工作由训练部门组织实施，可根据教学任务需要，结合教材编写等专项工作进行。机关要对照科研成果向教学内容转化的评价标准，定期组织相关人员对信息管理中心发布归档的成果信息进行转化指标的评定，对转化利用率高的成果要给予相关人员奖励。其次是优化不同类型科研成果向教学内容转化的方法，能转化为教学内容的科研成果主要分为理论与实装两类。学术论文和研究报告等理论成果在科研成果中占很大比例,它们向教学内容转化一般都是间接的,主要为编写教材、撰写教案和为授课提供信息;学术论文和研究报告是讲义信息的主要来源,专题课的讲义有时甚至可以直接引用研究报告;大量的学术论文和研究报告还可为学员进行自我学习提供丰富的素材。专著是科研成果向教学内容转化的主要形式,各院校应把专著建设作为教学科研的重要内容,尤其要鼓励科研成果以专著形式发表。关于实装的科研成果向教学内容转化问题涉及因素较多,本文暂不讨论。再次是完善科研成果向教学内容转化的考核指标体系,可根据科研成果向教学内容转化的主要阶段划分来设置各个阶段的具体量化考核指标。一是选题量化考核指标。论文、专著、课题选题中,与教学结合的紧密程度是影响科研成果能否转化为教学内容的首要环节。该考核指标的总体功能是通过对课题目录与学院使命任务有关指标的核对,较清晰地区分论文、专著和课题与本人、教研室、专业系及学院使命任务和专业结合的紧密程度,根据相关度的得分高低,使机关和专家在选题阶段或通过选题就能对本单位科研方向进行有效界定,可及时掌握和调整有关科研选题,从源头上确保科研的正确方向,保证有一定数量的科研成果可供转化为教学内容。二是归档量化考核指标。该指标主要功能是对已经完成或收集归档的科研成果进行界定。通过按不同学科、不同类型分类梳理的科研成果与教学任务需求相关指标的对比,较清晰地反映出成果向教学内容转化的形式及能转化为教学内容的程度,使机关和专家比较清楚地知道完成的科研成果中有多少内容、哪些内容可供教学使用。三是转化量化考核指标。该指标主要功能是对已经完成转化的科研成果进行界定。通过对需要转化为教学内容的科研成果相关指标与实际转化进行对比,能较清晰地反映出成果已经向教学内容转化的程度,即有多少科研成果已经转化为教学内容,使机关和专家了解科研成果的转化进度和程度,确保转化的落实。

课堂多元化——教学之创新

教学模式多元化

2011年10月8日，中华人民共和国教育部印发《关于大力推进教师教育课程改革的意见》（简称《意见》）。该《意见》分为创新教师教育课程理念、优化教师教育课程结构、改革课程教学内容、开发优质课程资源、改进教学方法和手段、强化教育实践环节、加强教师养成教育、建设高水平师资队伍、建立课程管理和质量评估制度、加强组织领导和条件保障十个部分。要创新教师教育课程理念。教师教育课程在中小学和幼儿园教师培养中发挥着重要作用，是提高教师教育质量的关键环节。要围绕培养造就高素质专业化教师的目标，坚持育人为本、实践取向、终身学习的理念，实施《教师教育课程标准（试行）》，创新教师培养模式，强化实践环节，加强师德修养和教育教学能力训练，着力培养师范生的社会责任感、创新精神和实践能力。《意见》明确指出：要优化教师教育课程结构。以"三个面向"为指导，构建体现先进教育思想、开放兼容的教师教育课程体系。适应基础教育改革发展，遵循教师成长规律，科学设置师范教育类专业公共基础课程、学科专业课程和教师教育课程，学科理论与教育实践紧密结合，教育实践课程不少于一个学期。按照《教师教育课程标准（试行）》的学习领域、建议模块和学分要求，制订有针对性的幼儿园、小学和中学教师教育课程方案，保证新入职教师基本适应基础教育新课程的需要。要改革课程教学内容。把社会主义核心价值体系有机融入课程教材中，精选对培养优秀教师有重要价值的课程内容，将学科前沿知识、教育改革和教育研究最新成果充实到教学内容中，特别应及时吸收儿童研究、学习科学、心理科学、信息技术的新成果。要将优秀中小学教学案例作为教师教育课程的重要内容。加强信息技术课程建设，提升师范生信息素养和利用信息技术促进教学的能力。要开发优质课程资源。实施"教师教育国家精品课程建设计划"，通过科研立项、遴选评优和海外引进等途径，构建丰富多彩、高质量的教师教育国家精品课程资源库。大力推广和使用"国家精品课程"，共享优质课程资源。要改进教学方法和手段。把教学改革作为教师教育课程改革的核心环节，使基础教育课程改革精神落实到师范生培养过程中，全面提高新教师实施新课程的能力。在学科教学中，要注重培养师范生对学科知识的理解和学科思想的感悟。充分利用模拟课堂、现场教学、情境教学、案例分析等多样化的教学方式，增强师范生学习兴趣，提高教学效率，着力提高师范生的学习能力、实践能力和创新能力。加强以信息技术为基础的现代教育技术开发和应用，将现代教育技术渗透、运用到教学中。要强化教育实践环节。加强师范生职业基本技能训练，加强教育见习，提供更多观摩名师讲课的机会。师范生到中小学和幼儿园教育实践不少于一个学期。支持建立一批教师教育改革创新试验区，建设长期稳定的中小学和幼儿园教育实习基地。高校和中小学要选派工作责任心强、经验丰富的教师担任师范生实习指导教师。大力开展教育实践活动，深入农村中小学，引导和教育师范生树立强烈的社会责任感和使命感。积极开展师范生实习支教和置换培训，服务农村教育。要加强教师养成教育。注重未来教师气质的培养，营造良好教育文化氛围，激发师范生的教育实践兴趣，树立长期从教、终身从教的信念。邀请优秀中小学校长、教师对师范生言传身教，感受名师的人生追求和教师职业精神。开展丰富多彩的师范生素质培养和竞赛活动，重视塑造未来教师人格魅力。加强教师职业道德教育，将《中小学教师职业道德规范》列为教师教育必修课程。要建设高水平师资队伍。采取有效措施，吸引和激励高水平教师承担教育类课程教学任务。支持高校教师积极开展中小学教育教学改革试验，担任教育类课程的教师要有中小学教育服务工作经历。聘任中小学和幼儿园名师为兼职教师，占教育类课程教学教师人数不少于20%。形成高校与中小学教师共同指导师范生的机制，实行双导师制。要建立课程管理和质量评估制度。开展师范教育类专业评估，确保教师培养质量。将师范生培养质量情况作为衡量有关高校办学水平的重要指标。要将师范生培养情况纳入高等学校教学基本状态数据年度统计和公布制度。加强教师教育课程和教材管理。要加强组织领导和条件保障。各地教育行政部门要统筹规划、协调指导、积极支持教师教育课程改革工作。高校把教师教育课程教学改革和实施《教师教育课程标准（试行）》列入学校发展整体计划，集中精力，精心组织，抓紧抓好。要建立和完善强有力的师范生培养教学管理组织体系。加大教师教育经费投入力度，确保教师教育课程改革工作所需的各项经费。

为了进一步深化基础教育课程改革，巩固发展课程改革多年来的成果，以全面提高课堂教学效益为目的，以转变课堂教学方式，引导学生自主学习为导向，以教师队伍专业发展、教科研成果的转化为基础，以形式多样的研训活动为载体，坚持"培训先行，典型引路，以校为本，强势推进"的原则，努力构建新的课堂教学模式，全面提升教育教学质量，实现教育的内涵发展、均衡发展和可持续发展。深化课堂教学改革，构建高效课堂，要坚持"行政推动，全体参与，示范引领，以校为本"的工作思路。"行政推动"即校长就应该把主要精力用于教学研究和教学管理，确保教师培训所需经费，加强校际交流与合作，形成校本教研合力，确保改革顺利推进；"全体参与"即全校所有师生都要参与课堂教学改革实验。学校要有试点年级、实验班，要将管理人员和教师的培训作为课改的引领保障，分学科、多层次、多形式开展业务培训，进一步提高教师的课程实施水平；"示范引领"即让一些专业素质高的教师在全校开展示范课、研讨课等活动，对课堂教学改革进行典型引路；"以校为本"即课堂教学改革要借鉴名校的成功经验，结合本校实际，创建具有本校特色的教学模式。这里可遵循以下基本原则：借鉴性原则。对先进的课堂教学模式，我们要结合本省各校的实际，借鉴性地使用，绝不能照搬照抄。创新性原则。在借鉴的基础上，要学会创新，真正构建具有自主特色，符合学校教情、学情的课堂教育教学模式。以人为本原则。要把教师和学生的利益作为我们推进此项工作的出发点，要把教师和学生的健康可持续发展作为此项工作的归宿。

教学模式之案例

以我校"1162"高效课堂为例：

《国家中长期教育改革和发展规划纲要（2010—2020年）》指出："素质教育是教育改革发展的战略主题，是贯彻党的教育方针的时代要求，其核心是培养什么样人、怎样培养人的重大问题，重点是面向全体学生，促进学生全面发展，着力提高学生服务国家、服务人民的社会责任感，勇于探索的创新精神和善于解决问题的实践能力。"同时指出"把教育资源配置和学校工作重点集中到强化教学环节、提高教育质量上来"。党的十八大提出的最新教育方针是：坚持教育为社会主义现代化建设服务、为人民服务，把立德树人作为教育的根本任务，全面落实素质教育，培养德智体美全面发展的社会主义建设者和接班人。《甘肃省普通高中新课程实验工作方案》（甘政办发〔2010〕45号）提出："以科学发展观为指导，全面贯彻党的教育方针，坚持育人为本、德育为先，大力实施素质教育，努力提高教育现代化水平，培养德智体美全面发展的社会主义建设者和接班人。"说明当前至今后的教育，把培养学生的综合素质放在了首要位置。因此，老师的教学观念、学生的学习观念就应该发生彻底的转变，其中教学环节的课改就成为重中之重。《普通语文课程标准（实验）》强调："语文课程应帮助学生获得较为全面的语文素养，在继续发展和不断提高的过程中有效发挥作用，以适应未来学习。"学生的全面发展是祖国的未来。如何让学生在学校中初步形成世界观、人生观、价值观？只有通过有效的课堂改革，给学生全面发展的环境，创造适合学生发展的条件，才能逐步实现时代赋予教育的特殊使命。把课堂还给学生已经是迫在眉睫，让学生成为课堂的主人，成为真正的学习者，才是当前新形势的需求。《基础教育课程改革纲要》倡导课堂教学要体现出"自主性、探究性与合作性的高质量、高层次的学习方式，促进学生成为时代所需的高素质的创新人才"。很显然，课改不再是口号，取得课堂的高效应该是每位教师必须思考的问题。

随着教育改革的不断深入，课堂教学模式的创新与实效成为当前教师必须研究的课题。因此，各种各样的理论，五花八门的教法随之如雨后春笋般遍地皆是，然而收效甚微。很多教师时常在思考：教师教得很辛苦，学生也学得很辛苦，但是实际效果并不理想，很多学生对知识的掌握和运用十分有限。其原因是什么呢？我们在课堂教学中很多是无效的或低效的教学行为。课改是什么？《语文课程标准（2003）》也明确指出："语文教学应为学生创设良好的自主学习情境，帮助他们树立主体意识，根据各自的特点和需要，自觉调整学习心态和策略，探寻适合自己的学习方法和途径。"显然，要把课堂还给学生，让学生成为学习的主人，并通过创设良好的学习环境，让学生找到适合自己的学习方法和途径，从而取得高效的学习效果。因此，探索有效的教学模式就成为广大教师的主要任务。

"模式"是指被研究对象在理论上的逻辑框架，是经验与理论之间的一种可操作性的知识系统，是再现现实的一种理论性的简化结构。美国教育家乔伊斯和韦尔认为："教学模式是构成课程和作业、选择教材、提示教师活动的一种范式或计划。"因此，教学模式可以定义为是在一定教学思想或教学理论指导下建立起来的较为稳定的教学活动结构框架和活动程序。目前，我国比较成熟的教学模式，且取得较好成绩的高效课堂教学模式有：山东杜郎口中学"10+35"模式、山东昌乐二中"271"模式、山东兖州一中"循环大课堂"、江苏灌南新知学校"自学交流"学习模式、河北围场天卉中学大单元教学、辽宁沈阳立人学校整体教学系统、江西武宁宁达中学自主式开放型课堂、河南郑州第102中学"网络环境下的自主课堂"和安徽铜陵铜都双语学校五环大课堂等九大模式，可以说此时的有效教学开始朝着建构多元化、情境化、个性化教学模式的方向发展。人们更加关注教学实践的丰富性和教学模式的灵活应用。

"模式"英文为model。model还译为"模型""范式""典型"等。实际教学模式并不是一种计划，因为计划往往显得太具体，太具操作性，从而失去了理论色彩。将"模式"一词引入教学理论，是想以此来说明在一定的教学思想或教学理论指导下建立起来的各种类型的教学活动的基本结构或框架，表现教学过程的程序性的策略体系。因此，教学模式可以定义为是在一定教学思想或教学理论指导下建立起来的较为稳定的教学活动结构框架和活动程序。作为结构框架，突出了教学模式从宏观上把握教学活动整体及各要素之间内部的关系和功能；作为活动程序，则突出了教学模式的有序性和可操作性。

所谓高效课堂，是指教育教学效率或效果达到最优化，高效率地完成教学任务。在教学过程中最大限度地发挥课堂教学的功能与作用，在课堂规定时间内最大限度地完成教学任目标，达到新课程三维目标落实的最佳化，实现教学效果的最优化，教学效益最大化。此模式经过大量的调查研究并在课堂反复实践，取得了良好的效果。

一、国外的高效课堂模式发展

国外的有效教学思想不仅发展早，而且比较系统，重视教学效率和寻求有效教学方法（模式）与途径是其主要目的。最早的教学模式探索应该是古希腊苏格拉底的以对话法为主要特征的"讽刺—定义—助产"。为后来的有效教学模式奠定了坚实的基础。夸美纽斯在其著作《大教学论》中总结确立的班级授课制的集体教学形式，改变了个别教学法，提高了教学工作的效率。之后，德国教育家赫尔巴特直接以"普通教育学"提出有效教学的追求，探索了"普遍有效"的教学模式"明了—联想—系统—方法"。也就是对所教内容先进行了解，然后相互联想，做出系统的知识链，最后总结出方法，效果较好。苏联的凯洛夫提出了"五环节教学"模式，即"组织教学—检查作业及复习旧课—揭示新课题及讲授新课—巩固新课—布置作业"。此种方法为大多数老师提供了具体的教学模式，被广泛采用，并取得了很好的教学效果，也为我国的教学模式探索提供了很好的借鉴。从而以"教师中心""教材中心""课堂中心"为内容的"三中心"被公认，被确立为教学的主体地位。然而，随着时代的发展，"三中心"明显不能满足教师的教学。于是，杜威提出了以"学生""经验""活动"为中心的"指导——发现"教学模式。这种模式确立了学生的主体地位，把学生的活动放在课堂的主体位置，深受广大师生的拥护。现在，影响较大的有效教学模式主要有：斯金纳的程序教学模式、赞科夫的教学与发展实验模式、布鲁姆的掌握学习模式、瓦·根舍因的范例教学模式、洛扎诺夫的暗示教学模式、奥苏贝尔的"认知——同化"模式、罗杰斯的"非指导性"教学模式及阿莫纳什维利的"合作教学"模式等。可以说国外的高效课堂不断在演绎，不管怎么改进，其目的只有一个——提高课堂教学效率，提高学生的整体素质。

二、国内的高效课堂模式的发展

我国的高效课堂模式是随着课改不断深入发展的。进入近现代以来，尤其是改革开放以来，我国教育工作者在借鉴国外教学模式和总结自己经验的基础上，对教学模式的研究和探索付出了艰辛的努力。刁维国先生指出："教学过程的模式，简称教学模式，它作为教学论里一个特定的科学概念，指的是在一定教育思想指导下，为完成规定的教学目标和内容，对构成教学的诸要素所设计的比较稳定的简化组合方式及其活动程序。"叶澜教授认为："教学模式俗称大方法。它不仅是一种教学手段，而且是从教学原理、教学内容、教学的目标和任务、教学过程直至教学组织形式的整体、系统的操作样式，这种操作样式是加以理论化的。"朱小蔓教授给出的定义是："教学模式是在教育理念支配下，对在教育实践中逐步形成的、相对稳定的、较系统而具有典型意义的教育体验，加以一定的抽象化、结构化的把握所形成的特殊理论形式。"何克抗教授提出了关于教学模式定义的全新观点："教学模式属于教学方法、教学策略的范畴，但又不等同于教学方法或教学策略；教学方法或教学策略一般是指教学过程中采用的单一的方法或策略，而教学模式则是指教学过程中两种或两种以上方法或策略的稳定组合与运用。"可见，我国的专家对模式及教学模式的理解各有千秋。随着课改的不断深入，自我国《国家中长期教育改革和发展规划纲要（2010—2020年）》的颁布，尤其是《基础教育课程改革纲要》中首次提出了有效教学的理念和策略后，广大教师对教学模式进行了深入的研究，如李炳亭先生的相关高效课堂著作，以及提出的高效课堂22条；孔企平教授在《新课程理念与小学教学课程改革》一书中，对高效课堂与学生参与的关系的论述；华东师范大学课程与教学研究所博士崔允漷在《高效课堂策略的构建》中，对高效课堂策略的理论和教学阶段的实施策略做了一定的阐述；张海晨、李炳亭所著《高效课堂导学案设计》一书中，把对高效课堂的评价概括为"二二六"评价原则的论述等。主要的理论著作和论文有：长春出版社出版的熊梅所著的《高效课堂》，山东省瑞发学校研究后总结出了《高效课堂六大特征》，江苏省丹阳市里庄中心小学蔡国仁先生撰写的《优化教学环节，构建高效课堂》，叶枫先生撰写的《营造高效课堂的几种方法》，辛兆刚先生撰写的《优质高效课堂的特征》，鹿坤撰写的《语文高效课堂之我见》，宜春市五中王隆裕撰写的《浅谈中学语文高效课堂的构建》，山东省安丘市实验中学夏方进先生撰写的《深研"高效课堂"，建设快乐校园》，张金凯撰写的《打造高效课堂的实践与思考》，张乐亭撰写的《如何打造语文高效课堂》，吴波撰写的《浅谈如何构建打造高效课堂》，张立红撰写的《如何打造高效课堂》等。这些为我们的研究提供了借鉴。理论有了发展，实践也就有了探索，影响较大的有效教学模式有："指导—自学"教学模式、"引导—发现"教学模式、"目标—导控"教学模式、"情境—陶冶"教学模式，以及山东省安丘市进行了快乐高效课堂的研究，江苏省盱眙县明祖陵实验小学在课堂教学方面实施"快乐高效课堂"教学模式，浙江省建德市启动"高效教学、高效课堂"系列研究活动。这些模式始终坚持了学生学这个意象。此时的有效教学开始朝着建构多元化、情境化、个性化教学模式的方向发展。人们更加关注教学实践的丰富性和教学模式的灵活应用。自《国家中长期教育改革和发展规划纲要（2010—2020年）》颁布后，我国影响较大的具体的高效课堂模式有山东杜郎口中学"10+35"模式、山东昌乐二中"271"模式、山东兖州一中"循环大课堂"模式、江苏灌南新知学校"自学交流"学习模式、河北围场天卉中学大单元教学、辽宁沈阳立人学校整体教学系统、江西武宁宁达中学自主式开放型课堂、河南郑州第102中学"网络环境下的自主课堂"和安徽铜陵铜都双语学校五环大课堂等九大模式。另外，还有洋思中学"先学后教，当堂训练"高效课堂、东庐中学的教学合一"讲学稿"课堂教学、文汇中学的"自然分材"模式、云州一中的三步六段即"35+10"课堂循环模式、江西宁达中学"自主开放型课堂"模式、青铜峡市一中"253"高效课堂模式等。

三、1162高效课堂研究的理论依据

1. 建构主义理论

建构主义理论是瑞士的皮亚杰提出的关于教育的重点理论，影响较大，意义深远。基本内容可从"学习的含义"（即关于"什么是学习"）与"学习的方法"（即关于"如何进行学习"）两个方面进行了阐释。其核心理念是："提倡在教师指导下，以学习者为中心的学习，也就是说既强调学习者的认知主体作用，又不忽视教师的指导作用，教师是意义建构的帮助者、促进者，而不是知识的传授者与灌输者；学生是信息加工的主体，是意义的主动建构者，而不是外部刺激的被动接受者和被灌输的对象。"其学习环境包含情境、协作、会话和意义建构四大要素。其对老师角色的定义也非常明确："教学不是知识的传递，而是知识的处理和转换。教师不单是知识的呈现者，不是知识权威的象征，而应该重视学生自己对各种现象的理解，倾听他们私下的看法，思考他们这些想法的由来，并以此为据，引导学生丰富或调整自己的解释。"其对学生的定义为："学习者的知识是在一定情境下，借助于他人的帮助，如人与人之间的协作、交流、利用必要的信息等，通过意义的建构而获得的。理想的学习环境应当包括情境、协作、交流和意义建构四个部分。"这一阐述为本课题研究的组织、实施有效课堂教学的策略及教学模式提供了实质性理论支撑。

我国2003年课改颁布的《课程标准》也明确提出："应为学生创设良好的自主学习情境，帮助他们树立主体意识，根据各自的特点和需要，自觉调整学习心态和策略，探寻适合自己的学习方法和途径。""合作学习有利于在互动中提高学习效率，有利于培养合作意识和团队精神。"

1162高效课堂教学模式严格按照"建构主义理论"和《课程标准》相关理论进行了实验与研究。核心理念是把学生作为学习的主体，老师主导，变课堂

为学堂，充分发挥学生的学习主动性和积极性，最大限度地发挥学生的个体作用。通过合作、探究，解决实质性问题，在此基础上对内容予以拓展延伸，从而拓宽学生的学习思路，提高学生解决问题的能力。

2. 人本主义理论

人本主义理论是19世纪费尔巴哈提出的教育理论。该理论把人放在首位，十分注意人的个性发展，它与新课改"以人为本，以学生的发展为本"的思想相统一。其核心内容有四个方面：强调人的责任；强调"此时此地"；从现象学角度看个体；强调人的成长。这与我国《基础教育课程改革纲要（试行）》所提出的"有针对性地组织和引导学生在实践中学会学习，在教学中，充分发挥学生的主动性"的理念相吻合。

1162高效课堂所研究的主要内容是教学形式的改革。变传统老师的主讲，学生被动地全听为学生主学，老师组织。把学生的主体地位提到空前高度。注重学生的个性发展，让学生在有限的时间内最大限度地发挥潜能，从而提高学习效率，提高学习的效能。

3. 人的全面发展理论

马克思主义关于人的全面发展理论认为，人在各个方面都具有一定的潜力，只要给以适当的外部条件，就能调动其主观能动性，使潜能和个性得到最大限度地发挥。这一理论认为，人在各个方面只有得到充分而自由的发展，才能适应社会发展的需要。这一理论揭示了学生在探索性、自主性、研究性学习中具有一定的潜力。

党的十八大提出的最新教育方针是：坚持教育为社会主义现代化建设服务、为人民服务，把立德、树人作为教育的根本任务，全面落实素质教育，培养德智体美全面发展的社会主义建设者和接班人。因此，培养人的全面发展就成为首要任务。1162教学模式的探索把学生的整体发展与本身素质的提升作为重中之重，不仅掌握本课的内容，更重要的是全面发展和素质的提升，为孩子的将来成长奠定良好的基础。

4. 教学最优化理论

巴班斯基认为，要达到教学最优化的目的，就必须分析学生状况和教学任务，明确教学内容，选择教学方法、方式，拟定教学进度，对教学结果加以测定和分析，等等。要达到最优化的关键：一是分析教材中主要的和本质的东西，确保学生能掌握这些内容；二是选择能有效地掌握所学内容、完成学习任务的教学方法、方式，进行有区别的教学。

俗话说，给学生一碗水，老师就得准备一桶水。高效课堂表面看来是学生在不断地探究学习，其实背后主导还是老师，老师在上课之前应充分备课，最大化地分析学生的现状，明确教学任务，选择恰当的方法，然后有效地引导学生，有效地组织课堂，高效地完成教学任务。因此，教学最优化理论就成为1162高效课堂教学模式的主要理论支持。

5. 有效教学理论

该理论源于20世纪上半叶西方的教学科学化运动。有效教学理论的核心是教学的效益：①"有效教学"关注学生的进步或发展；②"有效教学"关注教学效益，要求教师有时间与效益的观念；③"有效教学"需要教师具备一种反思的意识，要求每一位教师不断反思自己的日常教学行为；④"有效教学"也是一套策略，有效教学需要教师掌握有关的策略性知识，以便于自己面对具体的情境做出决策。然后以对比实验为主，通过对比实验研究，积极探索有效课堂教学操作策略及课堂教学模式，确立有效课堂教学的目标及评价体系。

1162高效课堂教学模式的探索从本质上说，就是为提高课堂的有效性而进行实践研究，从而辐射孩子的整体发展。此模式的最大特点是把课堂还给学生，让学生在课堂的时间感受到学习的乐趣，对课本内容的探索不断地深入、拓展，新的问题不断生成，又被不断地解决。这样，不断坚持，就会有效地提高学习质量。

6. 参与式学习理论

参与式学习是目前国际上普遍倡导的一种进行教学、培训和研讨的方法。参与式教学过程是指受教育者在明确的教学目标指导下，运用科学的方法，在民主、宽容的课堂环境中，积极主动地、具有创造性地介入教学活动的每一个环节，从而接受教育、获取知识并发展能力。教师与学生以平等的身份参与到教学活动中，他们共同讨论，共同解决问题。因此，参与式教学是一种师生共同推进教学的教学形式。

"1162模式"就是将课堂40分钟分别按照1：1：6：2的比例，划分为"4+4+24+8"。要求教师的讲课时间不大于20%，学生自主学习时间占到60%，剩余20%的时间用于每堂课的成果测评和总结。

"1162模式"的核心是改变教学模式，提高教学效率，提升学生整体素养，提高学生综合能力。整个课堂分为五大环节：检查预习，温故知新；明确目标，完成任务；合作探究，解决疑难；成果展示，亮我风采；检测所学，总结归纳。最大的特点是具有目标性、突破性、高效性、实效性。充分体现了"变讲堂为学堂"的理念。

四、总体要求

《国家中长期教育改革和发展规划纲要（2010—2020年）》强调："智育不是简单灌输知识，而是点燃人心智的火焰，把受教育者内在潜质开发、启蒙出来，让学生积极主动地去追求新知。"很显然，倡导学生自主学习成为课改后的主要课堂学习形式，传统的教师满堂灌，学生被动地听已经不适应当前的学习环境，要把培养学生发现问题、分析问题、探究问题、解决问题的能力放在教学首位。为此，教师要彻底转变教学观念，转换教育角色：做学生学习的引领者、组织者、参与者和欣赏者，充分信任学生，放手让学生自己学习、思考、质疑、合作、讨论、提高。

五、六大环节及"1162"的解读

第一环节：检查预习，温故知新

（将课堂40分钟按照1：1：6：2的比例划分，该环节所占比例为1/10，时间约占4分钟）检查的内容要由老师提前和组长沟通、确定（现场抽取全班同学的1/10检查）。

建构主义学习理论认为，学生是认知的主体，是意义的主动建构者，所以是把学生对知识的意义建构作为整个学习过程的最终目的。教学设计通常不是从分析教学目标开始，而是从如何创设有利于学生意义建构的情境开始的，培养学生的独立探索能力，要有利于学生完成和深化对所学知识的意义建构。因此，这一环节专设了学生预习，主要是培养学生独立学习、独立探究的习惯和能力。

这一环节主要有以下要求：

学生要认真完成上节课老师布置的作业或未解决的问题。

根据老师的提示，对下一节课要学习的内容进行预习学习。

新课作者的写作背景及生字生词等常识必须解决。

对课文的内容随时做好批注，对重点句和关键词用不同的符号或横线予以勾画。

重点勾、画、圈、点出自己不能解决的问题或产生的疑惑。并写在精致的卡片上，在下节课相互合作，探究解决。

将自己在自学过程中比较满意的想法或答案写在另一张卡片上，在下节课上和同学们交流。

以高中语文必修1第一单元第3课《大堰河——我的保姆》为例。

首先，学生完成了上一节课老师布置的作业：分析《再别康桥》第一节和最后一节在语意上的异同，并分析这两节在节奏上形成回环往复的形式，其表达效果是什么？

其次，学生开始预习第3课《大堰河——我的保姆》，预习时学生完成了对作者艾青及写作这篇文章背景的自我掌握，并对"火钵、团箕、瓦菲、冰屑、凌侮"等生字词进行了注音和解释。

最后，在卡片上写出自己不能解决的问题和自己比较得意的见解。

例如：

学生1阅读诗歌后提出的问题：这首诗是献给他"母亲"的诗，那么大堰河到底是一个怎样的形象，诗人通过这一形象要寄托怎样的思想感情？

学生2对大堰河形象分析的答案：大堰河用她"厚大的手掌""洗衣、做饭、养鸡、喂猪"等，说明她是勤劳的；她永远"含着笑"去做每件事情，说明她是善良的；她终日劳作之后，还不忘记用她"厚大的手掌"把"我"抱在怀里，抚摸"我"，说明她是慈爱的；她梦想着媳妇叫她"婆婆"，说明她是悲苦的。因此可以总结：大堰河是一位勤劳、善良、慈爱、博大、悲苦、忍辱负重、任劳任怨的平凡而伟大的母亲。作者通过赞美大堰河，寄托了对大地上所有像大堰河一样的劳动人民的赞美之情。

第二环节：明确目标，完成任务

（将课堂40分钟按照1：1：6：2的比例划分，该环节所占比例为1/10，时间约占4分钟）本环节由老师来完成，老师要用最简明的语言明确本节课的学习任务、重点、难点及突破的方法。

20世纪40年代以后，美国一些教育家提出要在传授知识的基础上重视发展学生运用知识解决问题的能力。在此基础上，布鲁姆所在的芝加哥大学开始了教学改革，其中重点是确定教学的目的和方法。布鲁姆指出，评价的作用在于了解学生达到教学目标的程度。1956年，他出版了《教育目标分类学：认知领域》一书，成为教育评价方面的第一本影响极大的著作。他坚信有效的教学始于准确地知道希望达到的目标是什么，提出了一套完整的"掌握学习"理论。其基本思想是只要提供恰当的材料和进行教学的同时，给学生充分的学习时间和恰当的帮助，那么几乎所有的学生都能达到掌握规定的目标。核心思想是：许许多多的学生之所以没有取得良好的学习成绩，其原因不在于智力方面，而在于未能得到适合于他们不同特点所需要的教学帮助和学习时间。因此，本环节的设置不仅要让学生知道本节课学什么，更主要的是为课后的评价奠定基础。

仍然以高中语文必修1第一单元第3课《大堰河——我的保姆》为例。

在检查预习后，老师在电子大屏幕上展示本节课的学习目标、重点、难点及学习的方法。

【导学目标】

（1）反复朗读，理解诗歌思想内容并积累文本中出现的重要词语。

（2）学习排比、反复、对比等修辞手法，以及文本中细节的巧妙应用。

（3）品析诗歌中运用的大量描述性意象及其作用。

（4）感受大堰河这一人物形象特征，体会诗人对大堰河寄托的思想感情。

【导学重点】

（1）体会文本中细节的巧妙用法。

（2）感受大堰河这一人物形象特征。

【导学难点】

联系诗人旅欧学画背景及对色彩的敏感，探究诗歌中色彩的象征意义。

【导学方法】

反复朗读、合作、讨论、探究。

学生在知道了学习目标、重点、难点、方法后，开始按照既定的小组开始合作、讨论、探究，并将结果写在卡片上准备展示。

第三环节：合作探究，解决疑难

（将课堂40分钟按照1：1：6：2的比例划分，第三和第四环节所占比例为3/5，时间约占24分钟）本环节由学生合作完成。这是学生相互学习共同促进的关键环节，在这个环节中不仅仅是优秀生帮助后进生，更是让全体同学开阔思路，每个同学都可以提出不同的观点。教师全面掌控，由小组长负责组织，围绕问题进行交流、讨论甚至争论。注意讨论时要控制好时间，进行有效讨论，要做好卡片记录。同时，注意总结本组好的解题方法和规律，以便展示。老师要巡回收集学生讨论中解决不了的问题，以备有针对性地点拨。

有效学习理论指出，教学效率=有效教学时间/实际教学时间。教学效益不同于生产效益，它不取决于教师用最少的时间教最多的内容，而取决于在单位时间内学生的学习结果与学习过程的进展情况。有效教学旗帜鲜明地反对缺乏效益的"奉献"，因为这种意义上的"奉献"其实是在耽误学生的进步与发展。这进一步说明课堂的时间应该是属于学生的，而非老师占有，学生的实际学习时间应占课堂的主体时间。

参与式学习理论也明确强调，受教育者在明确的教学目标指导下，运用科学的方法，在民主、宽容的课堂环境中，积极主动地、具有创造性地介入教学活动的每一个环节，从而接受教育、获取知识并发展能力。并强调，学生参与课堂教学的过程是师生解放思想、更新观念、合作教育的过程。它使我们认识到：课堂上必须注重摆正师生的位置，强调学生是教学活动的主体；教师是教学活动的策划者和组织者，起着主导作用。这种作用应该是指导作用、示范作用、推动作用，教学中应表现为辅导学生分析、归纳、判断、推理。它是引导学生发挥主体作用，自己获得知识的过程。重点应放在提高学生的创新思维能力、认识能力、分析能力和批判性能力，注重提高学生的综合素质能力。学生也在参与实践中认识到：应该从为分数而学习的被动"受教"转向主动参与、积极思维、大胆创造、表现自我，为成为具有"三自"精神的高素质人才而学习。实践学生主体参与式教学促进了课堂教学改革，逐步实现了课堂教学的"三转变"，即从"应试教育"向"素质教育"转变；从学科本位向学生本位转变；从管、灌、压向启发学生自主学习、自我教育、自求发展转变。

教师与学生以平等的身份参与到教学活动中，他们共同讨论，共同解决问题，因此老师应鼓励学习者积极参与教学过程，成为其中的积极分子，加强教学者与学习者之间及学习者与学习者之间的信息交流和反馈，使学习者能深刻地领会和掌握所学知识，并能将这种知识运用到实践中。要让学习者有自由思考，运用自己智慧的时间和机会，让学习者有选择上课方式、安排学习进度的权利。

这一环节主要要求如下：

（1）全班学生可分为几个学习小组，可根据班级实际人数分组。

（2）每小组安排正、副组长一名，正组长负责本组纪律、学习、考勤等。副组长负责学生回答问题的次数和质量，每周进行统计，并张榜公示学习结果。并将小组学生分为A、B、C三层，C层同学负责汇总学习成果，B层同学负责补充知识点，A层同学负责展示、点评。

（3）每节课评选出优秀合作学习小组，鼓励并培养学生自主学习的积极性和参与性。

（4）每个小组确定一名学习主持人，每节课负责检查预习情况和对本节课的掌握程度并做好评价。

合作讨论，解决疑难

问题探究，老师指导

第四环节：成果展示，亮我风采

小组通过讨论交流，把讨论出的成果或提炼的典型解题思路，由A组同学代表在黑板上给全班同学展示，其他同学认真听取，若有不同意见，即可质疑、反驳，甚至争论或点评。

要求如下：

（1）学生在黑板上展示时要思路清晰。

（2）学生在黑板上书写要工整，标点符号规范。

（3）学生点评时要求语速合适，吐字清楚，声音洪亮。

（4）老师要掌握好时间和学生展示问题的集中性，照顾到学生的个体差异及每个想回答问题学生的积极性。

（5）老师进行点拨，老师应做到：

① 对学生的展示点评，肯定好的，指出问题。

② 对学生模糊不清的疑难，做出准确的答复。

③ 对重难点问题进行点拨讲解，归纳方法、规律。

④ 自己的语言要精练，直奔问题，点清楚、点透彻。

⑤ 展示点评情况，科学评价各小组，激励到位。

（6）学生及时做好笔记。

学生对自己的答案及时做出补充。

第五环节：检测所学，归纳总结

（将课堂40分钟按照1∶1∶6∶2的比例划分，第五环节所占比例为1/5，时间约8分钟）。

学生经过激烈的讨论，思维比较活跃，这时需要检测所学知识，需要静心总结归纳，反刍消化，清理过关，使知识更加完善，掌握得更加扎实。

建构主义学习理论强调学生是认知主体，是意义的主动建构者，所以是把学生对知识的意义建构作为整个学习过程的最终目的。教学设计通常不是从分析教学目标开始，而是从如何创设有利于学生意义建构的情境开始，整个教学设计过程紧紧围绕"意义建构"这个中心而展开，不论是学生的独立探索、协作学习还是教师辅导，总之，学习过程中的一切活动都要从属于这一中心，都要有利于学生完成和深化对所学知识的意义建构。因此，学习的意义和价值就显得尤为重要。本环节通过检查和总结，把本节课的知识要点予以梳理和归纳，让学生学习的效益达到最大化，教学过程最优化。

本环节具体要求如下：

（1）检测方式：可以是口头检查，也可以是学生之间一对一地检查；可以用小纸条，还可以设计题目进行书面检测。总之，要根据当堂内容灵活检测，注重实效。

（2）总结由老师完成，精简，要点明确，让学生一目了然。

（3）下课前让学生整理课堂所学内容，整理好典型习题本。老师用精练的语言对本节课进行总结并布置适量的自习作业。

教师总结，学生补充

六、实践效果及相关数据分析

课题取得的成效：

1162高效课堂教学模式是在借鉴山东杜郎口中学的"10+35"模式、山东昌乐二中的"271"模式、山东兖州一中的"循环大课堂"模式、江苏灌南新知学校的"自学·交流"模式、河北围场天卉中学的"大单元教学"模式、辽宁沈阳立人学校的整体教学系统和"124"模式、江西武宁宁达中学的"自主式开放型课堂"等模式的基础上，取其精华，分析总结，结合我校实际情况，总结概括出的一种新的教学模式，其具有目标性、突破性、科学性、高效性、灵活性等特点。1162高效课堂教学模式有效转换了师生角色，变要学生学为学生要学，不但发挥了学生的集体作用，更发挥了学生的个体特长，充分展现了学生个性，很好地落实了新课程教学理念，提高了课堂教学效率。该模式通过课题研究，使课堂教学焕发出生机与活力，有利于学生综合素质的不断增强，有效地利用课堂时间，提高了课堂学习效果。更加有利于教师的专业化成长，有助于培养教师的事业心和教师队伍整体素质的提高。灵活处理教材、老师、学生之间的关系，达到"教学相长"的目的。探索课堂有效教学策略促进学生在知识与技能、过程与方法、情感态度与价值观方面的进步和发展，从而提高教师教学业务水平，达到全面提升学校教育教学质量的目的，并为他人开展有效教学研究提供经验借鉴和理性思考。

本课题自模式形成后，先后在兰州市第十八中学、兰州市海石学校进行了教学实践。老师们普遍认为该教学模式是实施高效课堂以来，最有实效性、灵活性、科学性的一种模式。目前，该种教学模式已经成为推广新课程教学理念，落实高效课堂的有效、固定模式，取得了显著成效。引起了老师们的广泛关注，并在课堂上予以实践。另外，于2014年10月在省级刊物《考试周刊》发表题为《1162高效课堂教学模式实验与研究》论文一篇，在《作文教学研究》发表题为《高中议论文六步写法初探》论文一篇。该文同时被《作文周报》转载。同时，该模式作为课题评选，荣获全国中语会2014年度优秀成果奖。引起了同行的广泛关注，并在网络各媒体予以评论。部分学校和老师直接予以引用，效果明显，被誉为新时期高效课堂的典范。

关于有效教学

总之，课堂教学有效性的核心问题就是教学的效益，即什么样的教学是有效的。是高效、低效还是无效？为了更好地把握这种理念，我们先来了解它的本来含义。有效教学的内涵，对于课堂教学的有效性，传统的看法是"有效"即"有效果"。也就是说，对教学是否有效的判断，最应关注的是结果的好坏和效果的有无，它并不联系"投入"来考虑"产出"。有效性既是一种客观属性，也是一种价值属性。不论"效"之大小如何，"效"之代价多少，均应以该活动结果作为客体是否符合主体需要为依据。同样，课堂教学的有效性本质也是教学活动结果与社会需要和个人需要是否相符及相符程度的判断。所谓"有效"，主要是指通过教师在一段时间的教学之后，学生所获得的具体的进步或发展。也就是说，学生有无进步或发展是教学有没有效益的唯一指标。教学有没有效益，并不是指教师有没有教完内容或教得认真不认真，而是指学生有没有学到什么或学生学得好不好。如果学生不想学或者学了没有收获，即使教师教得辛苦也是无效教学。同样，如果学生学得很辛苦，但没有得到应有的发展，也是无效或低效教学。有效教学是为了提高教师的工作效益，强化过程评价和目标管理的一种现代教学理念。

那么，怎样的课堂是有效的？课堂教学的有效性虽然表现在不同层次上，但学生是否有进步或发展是衡量教学有效性的唯一指标。学生的进步不能仅限于知识的掌握，学生对专业知识的理解绝不能靠训练，而要靠思维过程，要靠个性化的思维。但知识转换为解题技能是要靠操练的，这种操练能提高学生的解题技能和学业成绩；同时，这种技能也是一把双刃剑，也能压抑人的创造力、想象力。教学的有效性要关注学生的发展，从时间上来说，学生的发展有当下发展和终身发展。任何一种有效教学必定能促进学生当下发展，同时对学生的长远发展也会有影响。以前教学太注重当前发展，实际上教学还要关注学生的未来发展和可持续发展。有效的课堂教学活动沉淀下来的是一种思维方式和精神。与课堂教学"有效性"相对应的是课堂教学的"低效或无效"。无效或低效是相对有效教学而言的。通过课堂教学活动，学生从不懂到懂，从懂得少到懂得多，从不喜欢到喜欢这门课程，这都表示学业上有收获、有进步，这样的课堂教学就是有效的。更进一步来说，无效低效也可以说是不需要教师教，学生也能理解。从专业角度来说，就是没有发展。所以，高效的教学就是学生获得充分发展，包括知识技能、情感态度、价值观的和谐统一发展，这是从新课程基本理念来规定"发展"。

如何实现有效教学？针对大面积地提高课堂教学的有效性，当前迫切需要解决的问题是：第一，当前要对课堂教学的无效低效行为表现进行梳理；第二，要采取有针对性的措施；第三，从长远角度来说，教师的专业素养要提高（根本的支撑）；第四，从机制来说，发展性评价体系的构建评价问题是最紧要的问题。"不同层次的学生在同一课堂如何才能共同有效学习？""学生个体的差异性是客观存在的，面向全体不是让每个学生都获得一样的发展，而是让每个学生都在自己原有的基础上获得发展。不要简单地把学生之间的差异看成教学的问题，而是要把学生之间的差异看成教学的资源，教学中要充分地、合理地、艺术地利用这一资源，使学生之间发生实质性的互动，这是实现教学增值，也是教学面向全体学生的重要保证。""如何在有限的40分钟内既夯实双基，又培养能力，还能愉悦情感？""知识技能、情感态度、价值观是三个要素。在不同学科不同课堂里，这三个方面整合的角度和切入点不同，要根据学科的特点和学生的实际有机整合。这是课堂教学有效性的根本。任何情况下都不能为考试而损害三者的和谐发展。知识点和技能要抓核心，有的知识点思维价值和情感价值比较丰富，这就需要挖深挖透。要根据知识的不同特点来整合思路。"明确了教学有效性的内容，再来思考如何提高课堂教学的有效性也就水到渠成、顺理成章了。那么，如何提高教学的有效性，也就可以从这些方面进行思考，设计科学合理的、适应教育教学规律和学生发展规律的课堂教学的方案、内容、策略、手段、练习、评价等，就一定能提高教学的有效性。第一，从教师方面讲，首先要深入钻研教材，读出教材的本意和新意，把握教材的精髓和难点，把教材内化为自己的东西，具有走进去的深度和跳出来的勇气，这是课堂中催生和捕捉有价值的生成的前提。其次，要拓宽知识面，丰富背景知识。教师不仅要对教材和教参做深入细致的研读，而且需要自觉地广泛涉猎有关知识，像海绵吸水一样汲取有用的信息，增加一些可以称为"背景"的东西，并把这些东西内化，变成对教学有用的东西。这样，文本在学生眼前就不再是孤立出现的一株植物，而是有着深蓝色天空做映衬的一幅图画。正如苏霍姆林斯基所说："只有当教师的知识视野比学校教学大纲宽广得无可比拟的时候，教师才能成为教育过程的真正的能手、艺术家和诗人。"最后，要研究儿童心理和学习心理。教师要全面了解儿童年龄阶段特征和班级学生的心理状况，深刻地了解学生学习的客观规律和基本过程，清晰地把握班级学生的知识经验背景和思维特点，以及他们的兴趣点和兴奋点，从而能够较准确地洞察和把握学生学习活动和思维活动的走向。以上三点是教师在课堂中有效地激发生成、引领生成和调控生成的基础。第二，从教材方面讲，要强调教材的基础性地位和主干性作用，超越教材的前提是源于教材，必须对教材有全面准确的理解，真正弄清楚教材的本义，尊重教材的价值取向，在这个基础上结合儿童经验和时代发展去挖掘和追求教材的延伸义、拓展义，从而形成学生的个性化解读。否则，所谓的个性解读和生成就会失去根基和方向，教学实践中出现的诸多生成误区都是源于对文本的忽视和误读。第三，从教学方面讲，要强调精心预设，课前尽可能预计和考虑学生学习活动的各种可能性，减少低水平和可预知的"生成"，激发高水平和精彩的生成。

由此可见，提高教学的有效性实质上是提高学生学习的效率、效益、效果，而提高学生学习的有效性需要以提高教师教学有效性为前提（基础）。也就是说，教学的最终目的不是单向提高学生的学习效益，而是教师和学生一同提高与发展。只有有利于学生知识的掌握、能力的提高、潜能的开发、智慧的生成、人格的完善，同时有利于教师专业水平的提高与发展，让老师在教育教学工作中体验到教育的幸福、实现自身的价值，才是真正有效的教学。我想，我们应该把课堂教学的有效性体现在以后的每堂课中。

附 录

守望麦田，做快乐的教育工作者

身为一名教师、高中校长，近三十载，每每念及学生的前途、老师的成长、学校的发展，自己难免诚惶诚恐，唯恐有辱使命。由此，一直以来我坚持努力、坚持思考、坚持改进，胸怀理想，在博学和历练中成长，感受感触很多，在此与大家共勉。

一、情怀与坚守

（当教师就有教师的打算，改变不了职业，就改变心态，改变思想，任何事情要干就干好，从自己的工作经历谈起）

教育注定是一种慢的艺术，需要教育者真情的坚守。

松柏不畏风雪，蜡梅凌寒独开，荷花出淤泥而不染，太阳东升西落，万物春发秋实。自然界的一切，皆以坚守轨迹而生生不息。陶渊明东篱采菊，坚守一份闲适恬淡；李太白醉酒狂歌，坚守一份狂放不羁；闻一多拍案而起，横眉怒对国民党的手枪，宁可倒下去，不愿屈服，坚守一份正义。一位哲人说："一个人赚得了整个世界，却丧失了自我，又有何益？"由此可见，人生需要坚守。唯有如此，才能守住心灵的安宁，守住生命的本色，守住人生的美丽。所以，坚守应该驻扎在我们的生活，沉淀于我们的心灵，根植于我们的事业。

而教育，更注定是一份坚守。

学生是幼苗，教师是园丁，教育的过程就是幼苗长成参天大树的漫长过程，绝非一朝一夕能完成。成长本身就是量的积累，教育注定是一种慢的艺术。所以，教育需要等待，需要耐心持久地等待。农民渴望丰收，他们躬耕田间，松土除草，喷药浇水，悉心照管，把对庄稼的爱融入对丰收的耐心等待中，这种等待最终收获了五谷丰登、果实累累；园丁渴望成功，我们俯身花丛，浇水施肥，捉虫剪枝，把对幼苗的爱融入等待之中，只有在这种等待中不辍耕耘，教育才能收获桃李满天下。教育这门等待的艺术，尤其需要教育者的坚守。

在素质教育背景下，学生的成长仍然需要教育者的精心陪伴，需要教育者的耐心坚守，随着社会的发展、节奏的加快，人们都渴盼有某种高效便捷的方法，让成功来得更快捷一些。这种心情，完全可以理解。但殊不知，任何一种好的方法，都需要耐心持久地使用。电视荧屏上的"许三多"曾经给我们留下很深的印象，也带给了我们很多的思考。这个憨厚执着的经典荧屏形象告诉我们，有时我们身上缺乏的恰恰是追求成功时那份坚守的勇气与毅力。

教育者的坚守，是对学生成长的呵护与陪伴。新课程改革背景下，我们必须唤起学生的主动意识，要敢于放手、学会放手，让他们自由成长。同时我们也必须意识到，学生毕竟处于青春成长的叛逆期，世界观、人生观、价值观尚未成熟，还很容易丧失自制力、自控力。从这个角度而言，在素质教育背景下，学生的成长仍然需要教育者的精心陪伴和耐心坚守，这种陪伴与坚守即使不在"台前"，也必然会在"幕后"。教育绝不是简单地要求学生，学生就一定会做到的。素质教育并不是我们不教育，也不是我们可以教育无作为，学生的成长需要我们春风化雨般的润泽，需要我们长时间的引导与帮助。从这个意义上讲，没有速成的教育，也没有完全"散养"的教育，学生的成长需要教育者的陪伴与坚守。

"教育无小事""生活即教育"，其实说的都是一个道理，即"教育细节"。教育细节反映的其实是教育人的一种情怀、一种理念，更是一种智慧。

教育需要静等花开，但现在的环境、形势你等不住，没有时间让你等。作为教育者，要有坚定的信念和思想准备。

二、职业与事业

兰州教育蓬勃发展，追求教育有目标，并且有很多层次；红古区教育有机遇、有人才，也能出人才。

对事业而言，一个教师如果要使自己的专业不断发展，就一定要有理想，要有为这理想不断付出努力的行动。博学是摄取教育智慧之道，学习是一个人生命的有机组成，学习是智慧型教师事业成长的必经之路。

三、梦想

近百年来，八大最具有说服力的演说家之一马丁·路德·金的《我有一个梦想》中说，激情澎湃是梦想"自由"的力量牵引着美国人不懈奋斗，最终使自由之声轰响。梦想的力量如此巨大，它可以给前进的人以无穷的力量。梦想是黑夜里的航标灯，可以指引着我们的方舟躲过暗礁，驶向成功的彼岸；梦想是每个人心中的太阳，能驱走云霾，让心空朗照。结合中国梦来讲，梦想不是空想。

人生可以没有财富，但是人生不可以没有梦想。有梦就有了方向，有梦就有了期许，有了梦想的人生，才不会为一时小利所趋；有了梦想的人生，才不会为一时小碍所挡；有了梦想的人生，会咬定梦想不放松，任尔东南西北风；有了梦想的人生，会风雨无阻，风雨兼程；有了梦想的人生，才会笑对坎坷，所向披靡。

作为教师，尤其是青年教师更应该拥梦而行，心中总有伟大梦想的召唤，让我们用人格感染人格，用智慧点燃智慧，让我们在成就学生的同时也不断地成就自己，使自己一直奔走在馨香四溢的幸福之路上！

四、专注

（专业要精，不能今年带一科、明年带一科，论文课题研究，谈自己经历的那个不引人重视的年代，现在觉得受益了）

专注，就是集中精力，全神贯注，专心致志。教育事业是培养人、塑造人、成就人的事业。它需要每个从教者有一种淡泊和宁静之态，不被外面浮华的世界所诱惑，耐得住寂寞；不朝三暮四，不好高骛远，有一种"把每件细微事情都做到最好"的信念；不蜻蜓点水，不浅尝辄止，"发奋探究，格物致知"，有一种严谨的工作作风。这些都会潜移默化地影响我们的教育对象，使他们不断地向"至真、至善、至美"的境界登攀！

曾经有一道高考作文题，题目是以一幅漫画为背景材料展开议论。一个人拿着铁锹挖井，在不同的地点挖了许多无水井，且自言自语地说："这里也没有水。"其实再往下挖几锹就会有清澈的井水溢出，究其原因——缺乏专注而徒劳无功。"蚓无爪牙之利，筋骨之强，上食埃土，下饮黄泉，用心一也。"专注是走向成功的一个重要因素。只有专注如一，才能把自己的时间、精力和智慧凝聚到自己所钟爱的事业上，才能焕发出每个人潜在的智慧，最大限度地发挥每个人的主动性、积极性和创造性，才能成就一番伟业！

五、合作（美国教育）

在《没有人能独自成功》一书中是这样界定合作的：合作是所有组合形式努力的开始。一群人为了达到某一特定的目标，而把他们自己联合在一起。拿破仑·希尔把这种合作称为"团结努力"。面对新课程改革的逐步推进，面对鲜活灵动的教育对象，我们从教者要学会合作，合作才能双赢。

《读者》2005年第23期有一篇文章叫《色彩的友谊》，讲述了这样一个故事：红、橙、黄、绿、蓝、靛、紫七种色彩自吹自擂，绿说自己是"春天的主宰"；红说自己是血的主色，是生命的基元；蓝说自己是广袤天空的基调……大家争论不休，后来雷电建议大家携起手来，合作共前，形成了雨后天边绚丽的彩虹。从教者要想使自己的天空也色彩斑斓，就需要学会合作，学会与组内教师合作，切磋技艺；学会与同一个班内的教师群体合作，各科协调发展；学会与家长合作，共育栋梁。

六、学习

人类已经步入了终身学习时代，教师不断地学习意义尤为重要。教师要为学生而学习，教师要通过阅读和学习把自己打造成一部让学生百读不厌的书，这部书比起课本对学生的影响要深刻和持久得多。"为学生而读书"是教师阅读的第一推动力；为教学而学习，教师通过学习，可以汲取进行教育教学工作的精神营养，并把这种精神营养转化为自己的工作能力和综合素质，充分提高教育教学效果；为自我而学习，它以完善人和丰富人性、充实文化底蕴和生活情趣、体验人生为目的。这种学习有助于教师用更广阔的视野来思考和实践新课程，用更为厚实的文化底蕴来支撑教育教学，用更完善的人格魅力去熏陶和感染下一代。教师的人格魅力大于专业水平，大于组织管理，学生心里能对教师产生一种崇敬。

我们的学习应融入我们生活的每个时段，让学习成为我们行走教育的一种方式。其一，向书本学习，"腹有诗书气自华"，既要学习教育理念，也要学习相关的专业知识，将教师的基本素质不断地提升，"一个人的精神发育史就是一个人的阅读史"（朱永新）；其二，向同事学习，方式之一就是多聆听名师的讲堂，甘做学生，谦虚谨慎（谈谈自己的听课经历），这种可不是听一年两年，至少要连续听一个完整的周期，学无止境；其三，向网络学习，与国内的同行互动，向海外的专家取经；其四，向实践学习，在实践的磨刀石上不断地磨砺成长！同时，学习也要接轨现代思想、新知识、新理念，了解现在或某一阶段学生的心理，便于教学。

学生心理、生理规律及情商发展程度的了解，我们以前对心理学的了解太匮乏了，尤其是孩子的心理、生理、情商发展是在不断变化的，如果我们不对心理学进行重新的认识和把握，那么我们的教育将是脱节的，不能和孩子们真正地沟通，不能抓住孩子们的心理，那么我们很多工作都是徒劳。很多老师就是一种随性的状态，跟着感觉走，很少学习总结，尤其是形成文字性的东西。

以前当老师教好课就行，现在当老师必须在课题研究上用点心。功利地说，是为了职称晋升，为了小级别；长远地说，是为了让我们通过课题研究成为更好的自己。

七、反思（教师成长的关键）

新课程改革要求积极推进校本教研。其主要环节是：专家引领——同伴互助——个人反思。教师即研究者，教师即反思者。反思，就是教师以自己的教学活动为思考对象，对自己做出的行为、决策及由此所产生的结果进行审视和分析的过程，是一种通过提高参与者的自我觉察水平来促进其能力发展的途径。

美国心理学家斯金纳提出了教师的成长公式：成长=经验+反思。一位教师只有对自己获得的经验不断地进行深入的思考，对获取的原始经验进行审视、修正、强化等思维加工，才能使之得以提炼和升华，经验才可以成为一种更加理性和睿智的力量，促进教师的专业成长。

教学反思的真谛就是教师要对自己的职业活动进行深入的思考，不断地发现困惑，不断地超越自我，将学会教学和学会学习结合起来，不断地使新课程理念与自己的教学实践有机结合，使自己的职业生涯日臻完美。恰切的反思方式是撰写教学后记、教育叙事等。我在管理中发现，凡是反思多的教师进步快。我们处在一个教育转型时期，在新理念和旧模式的交接与探索新的适合学生发展的教学方式的关键时期，我们更加需要认清自己，认清当前学生的特点，更有效地让学生发挥他们的自主创新意识。

学习，不断提高自己，积淀积累知识，总有一天会有用的。他人睡着我醒来，他人醒来我起来，切忌"想得太多而做得太少"。"学而不思则罔，思而不学则殆"，这句话历久弥新。

今天的重要职责便是启迪、唤醒教师内在的智慧和热情。

八、诚爱与快乐

伟大的教育家陶行知先生讲：爱满天下。我们青年教师就是爱的使者，我们的任务是真诚地将我们爱心的雨露播撒在校园的每一个角落，让爱心之春水流进每个学子的心田，让他们在爱的浸润中，学会爱屋及乌，关爱我们身边的每个人，无论是我们的朋友还是我们的对手；爱大自然的一草一木，让人与自然和谐相处！

没有爱，就没有教育。爱是教育的基石。重要的是爱每名学生，爱每一片绿叶，哪怕是有斑点的。要真正使我们的教育做到为每名学生终身持续向上的发展奠基！让"爱"这个人类最美丽的词语，时时荡漾在我们的蓬勃校园！让学生们在爱的怀抱中幸福成长，再把爱的火花散布到美丽的人世间。

教师是"爱满天下"的职业，是用爱激励爱、感召爱、培育爱的职业。这就需要我们的教师常怀一颗感恩的心。感恩是一种美好圣洁的情感，是道义的净化剂、事业的推动剂。

感恩我们的父母，是他们给了我们生命，给了我们强健的身体和聪慧的头脑，使我们在激烈的竞争中无往而不胜。谁言寸草心，报得三春晖。我们每个人都是在父母慈爱的雨露滋润下成长起来的，我们要对父母永怀无胜的感激和真切的关注，这也是人类爱的基石。

感谢我们的朋友，是他们在困难时伸出友谊的大手牵引我们走出泥泞；也要感谢我们的对手，是他们使我们生活在日进日新的奔跑的路上；感谢我们的学校，给了我们一方成就自我的天地；感谢大自然……

对周围的一切，花草虫鱼、日月星辰，充满感恩之心，与我们赖以生存的世界和谐相处；爱的博大的力量使我们的世界更美好！

我想到我的80时代，那时候我是一个刚大学毕业走上讲台的年轻人，除了激情一无所有。那时候，我初生牛犊不怕虎，没学会走就直接跑，当然也有无知导致的无畏，但是工作有滋有味，于是也引发无数议论。

应该说，在现在这样一个风清气正的环境里，教师的优秀和幸福并不矛盾，二者是完全可以和谐统一的。于是，因为自己突出的成绩，各种荣誉纷至沓来，这是教育给我们的馈赠；当我们的付出得到回报时，我们的工作也更加快乐。

教师的工作是用智慧碰撞智慧，用心灵唤醒心灵，用生命影响生命。

教育人生需要一份激情，教育工作需要一种幸福。让激情创造教育的奇迹，让幸福传递校园的文化。教学相长，和谐共生，合作双赢，才是我们追求的精神家园。"捧着一颗心来，不带半根草去"是教育家的情怀，要达到这种境界，我们还有很长很长的路要走。

"择业、创业、乐业、敬业和爱业" "接受你改变不了的，改变你能改变的"，也许有人会说，我只是发发牢骚，每一份该做的工作我一样没少做，是的，我们的老师们确实这样，很辛苦，但如果我们改变一下心情，把这份工作做得开心、做得快乐，那何尝不是一种选择呢？这样的选择会让我们有一种全新的感受。

一位幸福快乐的教师，做事一定是心甘情愿的，一定是灵活机动的，没有怨言的。不管他走到哪里，欢笑和快乐就到哪里。他会给家人、同事、学生，乃至路人，带去欢笑和快乐，让大家一起幸福！实际上，教师的幸福，是一个毕业了多年的学生遇到你时，一句感谢的话，一个微笑，一句真诚的问候，或者逢年过节，你教过的学生给你的一个问候短信，等等。

因此，我想对年轻的老师说，多回忆你的学生逢年过节时给你的一句问候，请大家带着幸福感教书。在这条路上，也许很苦，但很幸福。

教师的幸福来自平凡、忙碌而又充实的每一天；来自我们阅读一本好书时的美好心情。教师应该做到"生活再苦心不苦，工作再忙心不累"。如今，各行各业都存在竞争，教师这个行业也不例外，比如名次、评职称等。很多教师会为这些事情发愁纳闷儿。其实，如果我们把功名利禄看淡一些，少一些急功近利，只要尽自己努力去做了，把你的学生教好了就行了，至于那些职称、名次，该是你的，自然会来到你的身边。

一位师德高尚的老师绝不是灭绝了七情六欲的"苦行僧"。他热爱生命、热爱生活，希望生活和工作同样精彩；他也许不会"无私奉献"，但他"乐于奉献"。因为这种奉献不是某种权威或制度强加于他的，而是他自觉自愿的。从这些奉献里老师体会到了很多职业生活内在的欢乐和幸福。正像苏联一位著名美学家所说的那样：付出与获得平衡是最高的境界，称之为"优美"，略高于则是"崇高"。只有优美的师德才是阳光的、亲切的、有趣而有效的，因而也是充满快乐的。

给年轻人的几点劝告：对工作有热情、有眼色，不要只盯着校长，评价是大家的，多付出，和优秀的人在一起，整整齐齐，精精神神，不邋遢。在南开中学校园门口，有一面古老的镜子，镜子上是创校校长张伯苓先生亲笔题写的几句话："面必净，发必理，衣必整，纽必结；头容正，肩容平，胸容宽，背容直。"

九、一段话

"青春是蓝色的，像深远的晴空，像迷人的海洋，深远辽阔，富于幻想；青春是绿色的，像滴翠的青竹，像坦荡的草原，充满生机，溢满活力；青春是红色的，像燃烧的火焰，像初升的太阳，朝气蓬勃，奉献光热；青春是白色的，像雪白的浪花，像无瑕的明月，犹如白纸，绘出艳丽的图画；……青春是彩色的，拥有了它，便拥有了七彩人生！"

参考文献

［1］陈羚.国内外有关教师课堂提问的研究综述［J］.基础教育研究，2006（9）.

［2］陈瑶.课堂观察指导［M］.北京：教育科学出版社，2002.

［3］吉标，吴霞.课程实施：理解、对话与意义建构［J］.西南师范大学学报（人文社会科学版），2005（1）.

［4］李秉德.教育科学研究方法［M］.北京：人民教育出版社，1986.

［5］朱慕菊.走近新课程［M］.北京：北京师范大学出版社，2002.

［6］刘旭东.现代课程的价值取向研究［M］.兰州：甘肃教育出版社，2002.

［7］高吉魁.语文新课程研究性学习［M］.北京：高等教育出版社，2005.

［8］教育部基础教育司.普通高中新课程教师研修手册·语文课程标准研修［M］.北京：高等教育出版社，2004.

［9］王升.论研究性学习［J］.课程·教材·教法，2002（5）.

［10］王竹立.教学案例与教育叙事辨析［J］.现代教育技术，2007（1）.

［11］张建琼.教学行为研究的教学论意义［J］.教育理论与实践，2004（9）.

［12］李炳亭.高效课堂22条［M］.济南：山东文艺出版社，2009.

［13］李炳亭.我给传统课堂打0分［M］.济南：山东文艺出版社，2010.

［14］李炳亭.高效课堂九大"教学范式"［M］.济南：山东文艺出版社，2010.

［15］艾玛·麦克唐纳.如何打造高效课堂［M］.车蕾，龚锐，译.北京：中国青年出版社，2011.

［16］苏鸿，李斌辉，穆湘兰.高效课堂：备课、上课、说课、听课、评课［M］.上海：华东师范大学出版社，2013.

［17］安奈特·L.布鲁肖.给教师的101条建议（增订版）［M］.方雅婕，赵

娜，译.北京：中国青年出版社，2013.

[18] 张海晨，李炳亭.高效课堂导学案设计［M］.济南：山东文艺出版社，2010.

[19] B.A.苏霍姆林斯基.给教师的建议［M］.杜殿坤，译.北京：教育科学出版社，2000.

[20] 全国十二所重点师范大学联合编写.教育学基础［M］.北京：教育科学出版社，2002.

[21] 张凤琴.教师职业价值观——教师职业发展的内在动因［J］.内蒙古师范大学学报，2004（3）.

[22] 郝振君.试析当前教师的生存状态及其调适策略［J］.中小学教师培训，2005（9）.

[23] 林丹.教师职业幸福感缺失的背后［J］.教育发展研究，2007（6B）.

[24] 宁本涛.教师职业幸福感群体缺失的制度困境与反思［J］.当代教育与文化，2010（7）.

[25] 黄正夫，吴学军.论教师职业幸福感的缺失与重建［J］.河西学院学报，2007（3）.

[26] 芦蓓荣，任友群.中国教育信息化的云中漫步［J］.远程教育杂志，2012（1）.

[27] 孙进康.教育资源信息化建设的实践思考［J］.南京师大学报，2002（25）.

[28] 霍姆斯.教师的幸福感［M］.北京：中国轻工业出版社，2006.

[29] 杨锋.如何提高教师培训的有效性［J］.文学教育，2016（5）.

[30] 王晨.提升教师培训有效性的策略研究［J］.天津市教科院学报，2014（1）.

[31] 许勤.如何提高中小学教师培训的有效性［J］.人力资源管理，2012（9）.